新时代航空服务类系列教材

总主编 陈 倩 李 俊 谢媛媛

民航服务礼仪与职业素养

谢媛媛 刘雅瑛 蒋 彦 主编

重庆大学出版社

图书在版编目（CIP）数据

民航服务礼仪与职业素养 / 谢媛媛，刘雅瑛，蒋彦
主编. --重庆：重庆大学出版社，2024.1
新时代航空服务类系列教材
ISBN 978-7-5689-4014-6

Ⅰ.①民…　Ⅱ.①谢… ②刘… ③蒋…　Ⅲ.①民用航
空—乘务人员—礼仪—教材　Ⅳ.①F560.9

中国国家版本馆CIP数据核字（2023）第119429号

民航服务礼仪与职业素养

MINHANG FUWU LIYI YU ZHIYE SUYANG

谢媛媛　刘雅瑛　蒋 彦　主 编

策划编辑：唐启秀

责任编辑：傅珏铭　　版式设计：唐启秀
责任校对：谢 芳　　责任印制：张 策

*

重庆大学出版社出版发行
出版人：陈晓阳
社址：重庆市沙坪坝区大学城西路21号
邮编：401331
电话：（023）88617190　88617185（中小学）
传真：（023）88617186　88617166
网址：http://www.cqup.com.cn
邮箱：fxk@cqup.com.cn（营销中心）
全国新华书店经销
重庆正光印务股份有限公司印刷

*

开本：787mm×1092mm　1/16　印张：12.75　字数：236千
2024年1月第1版　　2024年1月第1次印刷
ISBN 978-7-5689-4014-6　　定价：52.00元

编委会

主　编　谢媛媛　刘雅瑛　蒋　彦

副主编　周红月　胡　瑶

参　编　李泓钰　张桂豪　李迷迷　冯诗雨　谭　婷

　　　　　袁银彩　李　毅　刘江杭　汪　婷　彭健康

　　　　　丁雪仪　郭心语　李　刚

20 世纪初莱特兄弟发明飞机以来，民航业在世界范围内以蓬勃之势迅猛发展，民航业已然成为各国相互沟通的重要桥梁。中国的民航业虽然起步相对较晚，但蓬勃发展之势不可阻挡。

突如其来的新冠疫情对世界民航业产生了一定冲击，但这并不影响民航业的复苏与继续发展，尤其是对正阔步与世界交融的中国民航业而言。随着我国自主研发的 C919 问世并成功实现商业首飞，中国在世界民航业的地位进一步提升。同时，与之密切相关的空中乘务专业、机场运行服务与管理专业、航空服务艺术与管理专业等将有更好的"生存土壤"和发展空间。

基于此，为进一步加强新形势下的专业发展，全面提高民航服务人员的综合素质，提升其服务水平，培养适合中国式现代化发展水平的民航服务人才，我们决定组织编写一套既符合专业特性又有别于现有教材，既有行业可操作性又具理论深度的"新"教材。为体现"新"，本套教材进行了五个方面的思考。

一是注重课程思政内容。本套教材特别突出课程思政内容，以为党和国家培养人才为目的。或以鲜活案例呈现，或在教材知识点中体现，以此培育学生爱党、爱国、爱职业的思想，不断植入社会主义核心价值观，着实践行"三全育人"理念。

二是兼顾不同教学层次，力争符合本专科学生的课程学习要求。航空服务艺术与管理专业和空中乘务专业，培养目标有相似之处，即培养机上服务人员的相关能力相似，只是前者立足于本科生，后者立足于专科生。并且由于民航业的特殊性，关于技术操作，本专科的学习内容是一致的，且无论本科还是专科，该部分内容皆是学习重点。因此，针对这些内容本套教材实现了全覆盖。而本专科教学层次不同的部分，本套教材主要以"拓展内容"的形式体现本科教学所需的"两性一度"，即高阶性、创新性和挑战度，方便教师指导学生。

三是本套教材大致为两种体例。理论性较强的，按传统章节的形式呈现；实践性较强的，按任务式或工作手册的形式呈现。但无论何种体例，每章或每个项目内容均以问题为导向，并附有思维导图，不仅方便教师明确该部分内容的教学目标、重点和难点，更方便帮助学生梳理知识与知识之间、章节与章节之间的逻辑关系。

四是本套教材的实践性内容所占比重较大且数字化程度较高。本套教材的实践性内容占比近50%，其与航空服务艺术与管理专业、空中乘务专业的专业特性相符；方便使用该教材的教师在日后建设国家一流课程时所用。同时，为方便广大师生的使用，教材顺应了时代发展，大力彰显教材的数字化特性，实践性内容都附有相关视频和课件。

五是部分教材体现"1+X"的职业教育理念。无论何种教学层次，该专业的首要任务都是强调教学内容的实践和运用。为全面提升学生的行业竞争力，教材遵循"1+X"职业教育理念。凡是涉及职业资格证书的教学内容，教材皆对相应职业资格证书及其获得途径进行了介绍。

为如愿达成上述目标，我们聘请了业内资深专家对全书进行了内容规划和指导，请航空服务艺术与管理专业以及空中乘务专业的一线老师执笔。这些老师既有丰富的飞行经验，又有较高的理论水平，分别从教于专门的民航院校以及综合院校的航空服务艺术与管理专业、空中乘务专业等。

由于种种原因，教材还存在诸多不足之处，以待后续完善。敬请各位同仁在日后的使用过程中批评指正！

丛书编者

2023 年 6 月

目 录

>>> >>> 模块一

民航服务礼仪与
职业素养概述

模块介绍

　　我国是文明古国、礼仪之邦，礼仪是中华民族的优良传统，是体现一个国家和民族文明程度的重要标志，更是衡量一个人的道德、修养水准的主要尺度。通过礼仪的学习，不仅能内强素质、外塑形象，还可以增进人与人之间的交往，促进事业的发展。

　　随着民航业的高速发展，我国已经成为世界民航大国，并不断向民航强国迈进，服务质量是民航高质量发展的集中体现和必然要求，民航服务的竞争成为民航业竞争的重要内容。面对不同文化背景的中外旅客，提供高质量的民航服务，不仅是民航业发展的需要，也是树立中国良好形象的重要举措。民航业作为面向世界各国旅客的窗口行业，对民航服务人员的服务礼仪、职业素养提出了更高的要求。

　　在本模块，通过对民航服务礼仪、职业素养两个任务的学习，树立礼仪的观念，形成认真学习民航服务礼仪、提升职业素养的意识。

思维导图

```
                    1                              2
               民航服务礼仪                       职业素养
                          ┌─────────────────┐
        民航服务礼仪 │ 民航服务礼仪  │ 民航服务礼仪与 │  职业素养的   │ 学习民航服务礼仪对
        的内涵与特点 │ 的原则      │ 职业素养概述   │  含义与内容   │ 培养职业素养的意义
                          └─────────────────┘
```

模块导入

《关键时刻》"15秒钟理论"

航空运输的最大优点是安全、便捷、舒适。目前，航空公司面临行业内其他公司以及不断提速的高速铁路的强大竞争压力，要提升航空运输的优势便是要优化服务质量，而体现这一特点的唯一途径就是提升一线员工（民航服务人员）的对客服务能力。

北欧航空公司前CEO卡尔松于1986年出版了《关键时刻》，该书一经出版就引起了各界的极大关注，其中一个重要原因就是，书中提出了著名的"15秒钟理论"。书中提到，2005年，北欧航空公司总共运载1000万名乘客，平均每人接触5名员工，每次15秒钟。也就是说，这1000万名乘客每人每年都对北欧航空公司"产生"5次印象，每次15秒钟，全年总计5000万次。这5000万次"关键时刻"就决定了公司未来的成败。因此卡尔松认为必须利用这5000万次的关键时刻来向旅客证明，搭乘我们的班机是最佳选择。他说："在北欧航空公司，我们曾经认为飞机、维修基地、办公室和办事流程就是公司的全部，但如果你询问旅客对北欧航空公司有何印象，他们不会说我们的飞机怎样、我们的办公室怎样，或者我们如何筹措资金。相反，他们谈论最多的是有关北欧航空公司的'人'。北欧航空公司不仅是一堆有形资产的集合，更重要的还在于旅客与直接服务的一线员工之间进行着怎样的接触。而只有对服务满意的旅客，才是公司唯一有价值的资产。"凭借"15秒钟理论"，在卡尔松接管北欧航空公司6年之后，公司成功转型为以顾客为导向，通过一线服务重塑企业形象，最终扭亏为盈。

民航服务人员的对客服务能力就是职业能力，通过民航服务礼仪的学习与修炼，提高职业能力，优化服务质量以更好地为旅客服务，让旅客满意，从而塑造民航企业形象，提升航空企业的竞争优势。

任务一　民航服务礼仪

学习目标

1. 知识目标：掌握民航服务礼仪的内涵和特点，理解民航服务礼仪的原则。
2. 能力目标：根据礼仪的特点和原则，能够正确地运用礼仪。
3. 素质目标：树立礼仪的观念，形成从事民航服务工作的礼仪意识。

相关知识

一、民航服务礼仪的内涵与特点

（一）民航服务礼仪的内涵

民航服务礼仪属于职业礼仪的范畴，是在民航服务的过程中，对民航旅客表示尊重和友好的一系列（职业形象塑造、言谈举止、对客交往等）行为规范，是礼仪在民航服务过程中的具体运用。民航服务礼仪是以礼仪为基础和内容，其主体是从事民航服务的工作人员，其服务对象是民航旅客，其目的是通过塑造良好的民航企业员工职业形象，传递向上向善的价值理念，建立和谐的对客关系，以满足旅客对民航出行体验的需求。

（二）民航服务礼仪的特点

1. 规范性

民航服务礼仪是经过民航服务实践经验总结提炼而构建的行业行为规范体系，贯穿于民航服务工作的整个过程中，是对民航从业人员职业形象、言行举止、待客交流的具体要求。民航服务人员按照民航服务礼仪规范进行服务，为旅客提供高质量的民航服务体验。

2. 实用性

民航服务礼仪是礼仪在民航服务工作的具体应用，具有极强的实用性。从旅客购票、问询、值机、安检、登机到为旅客提供客舱内的服务、行程结束、送客离开等，都需要对民航服务礼仪进行应用。因此，民航服务礼仪是民航从业人员必须要学习和掌握的知识技能。

3. 灵活性

民航服务礼仪的灵活性，主要体现在民航服务人员应变的灵活性，即能迅速觉察出服务情境中情况的变化，机敏地做出必要恰当的反应，从容而不失体面地做出决策，采取应变措施。在面对来自不同文化背景的旅客时，由于文化背景、礼仪习惯的不同，其服务采用的礼仪行为会有所不同，虽然礼仪表达形式有一定的差异性，但其互相尊重、谦恭友好的原则是一致的。

4. 时代性

礼仪是社会历史发展的产物，并具有鲜明的时代特点。社会发展引起的众多社交活动的新特点、新问题的出现，要求礼仪与时俱进，以适应新形势下新的要求。例如席卷全球的疫情，对民航服务提出了新的要求，在民航服务中如何礼貌地请旅客出示健康码、量体温，就是根据新的情况民航服务礼仪增加的新内容。

5. 国际性

礼仪是全人类所共有的文化现象。民航服务礼仪也秉持了国际礼仪通则的内涵，具有国际化、趋同化的特征和趋势。随着国际交往的日益频繁，我国礼仪与西方礼仪相互碰撞，相互融合，礼仪规范更加国际化，礼仪变革向着符合国际惯例的方面发展，更好地与国际接轨。民航服务礼仪也将随着时代的不断进步，更加趋同化、国际化。

二、民航服务礼仪的原则

（一）尊重的原则

尊重是人际交往最基本的原则。要求民航服务人员要体现出对他人真诚的尊重，而不能藐视他人。作为民航服务人员，其良好的职业形象、整洁的仪容仪表、亲和的行为举止、礼貌的待客语言都是尊重客人的具体体现。在民航服务过程中，首先要热情真诚地对待旅客，心存敬意，这是尊重他人的真挚情感的自然流露，如果心存不敬，却又故意表露出热情，只会让人觉得做作，反而容易引起反感；其次是给旅客表达的机会，允许他人表达自己的想法，善于倾听，尊重他人的思想观点，不将自己的观点强加于人，要善于同个性特征不同的人交往；最后是要给对方留有余地，就是要给旅客留面子，维护其自尊，伤人自尊是严重失礼的行为，因此要避免有可能伤及旅客自尊的言行，要善于从旅客的角度出发，思考处理问题。

（二）平等的原则

平等的原则一是指交往双方相互尊重，以礼相待，有来有往，既不盛气凌人，也不卑躬屈膝；二是指一视同仁，对任何交流对象都必须一视同仁。在民航服务活动中具体礼仪运用时，允许因人而异，根据不同旅客的具体情况，采取不同的方法。不能厚此薄彼，以貌取人，要一视同仁，以礼相待，无论旅客是上层人士还是普通旅客，无论是来自发达国家还是来自落后国家的旅客，都需以礼相待。

（三）从俗的原则

由于国家、民族、文化的不同，因此有"十里不同风，百里不同俗"的现象。"入境而问禁，入国而问俗，入门而问讳"，就是要求民航服务人员在对客服务的过程中，对不同国家、民族、宗教信仰和习俗的旅客，要了解并尊重其习俗与禁忌，以增进相互间的理解与沟通，从而更好地服务旅客。如果在服务中不注意禁忌，甚至自以为是，随意批评，就会在对客服务中引起旅客的不满。

（四）适度的原则

在民航服务过程中，既要注意待客热情，又要把握好分寸，合乎规范，切忌过分热情，因为这会使人感到不适，而有所防备，反而不利于交往的顺利进行。运用民航服务礼仪要注意：一是关心有度，服务人员对旅客表示的关心不必"无微不至"，应适当留给旅客一定的空间。不让旅客感觉不便，更不要使旅客勉为其难，不要轻易触及客人隐私。在服务过程中，要以不能妨碍对方为前提，例如旅客表现出疲惫，需要休息时，要主动为其创造休息的条件，让旅客在旅途中能够松弛身心、调整状态；二是距离有度，要求民航服务人员，在服务过程中，应视具体情况的不同，与旅客保持适度的空间距离。否则，距离过近，会让旅客觉得私人空间被侵犯，若距离过远，又会有令旅客感到被冷落之嫌。在特殊空间场所不能保证 0.5 米以上距离时，也应该尽量保持相对距离，避免给旅客带来不良感知。

民航服务人员与旅客之间的空间距离可参看表 1.1。

表 1.1 "距离有度"空间距离类型表

名称	距离	适用情况
私人距离 （亲密距离）	小于 0.5 米	适用于家人、恋人、至交之间；或对有需要帮助的旅客进行必要的照顾时。
社交距离 （常规距离）	0.5~1.5 米	适用于一般交往。在大多数情况下，对客服务时，多采用与对方保持这种距离。
礼仪距离 （敬人距离）	1.5~3 米	适用于较为重要的场合，如会议、庆典、仪式等，以表敬意。
公共距离	大于 3 米	适用于在公共场合与陌生人之间。

任务实施

1. 阐述民航服务礼仪的特点。

2. 民航服务礼仪的原则有哪些？

任务二　职业素养

1.知识目标：掌握职业素养的含义和具体内容，理解学习民航服务礼仪对培养职业素养的意义。

2.能力目标：能够有意识地培养自己的职业素养。

3.素质目标：树立职业素养的观念，形成认真学习民航服务礼仪以提升职业素养的意识。

一、职业素养的含义与内容

职业素养是从事职业活动时需要遵守的行为规范，是职业的内在要求，是人在职业行为过程中外化的综合品质。结合民航业及航空企业要求，民航服务类专业人才的职业素养，就是为适应民航业发展以及民航服务岗位的需要，民航服务人员需要具备的职业道德、职业意识、职业技能等，是在培养训练职业行为过程中养成，并内化、外显的综合品质。

（一）职业道德

职业道德是与人们的职业活动紧密联系，符合职业特点所要求的道德准则、道德情操和道德品质的总和。也是从事一定职业的人在特定的工作和劳动中所应遵循的符合自身职业特点的职业行为规范，是人们通过学习实践养成的优良职业品质。

职业道德的基本规范，可以表现在爱岗敬业、诚实守信、办事公道、廉洁自律、团结协助、顾全大局上。职业道德对个人的职业生涯至关重要，在学习过程中，要加强职业道德修养，提高职业道德素质，积极参加实践，在实践中培养良好的职业道德行为，形成高尚的职业道德。

（二）职业意识

职业意识，是指从业人员在特定的社会条件和职业环境影响下，在教育培养和职业岗位任职实践中形成的某种与所从事的职业有关的思想和观念，它包括个体对职业目标与职业活动的认识及实现职业目标方式与途径的思考，反映出一个人对职业的根本看法和态度，包括职业认知、职业情感、职业意志和职业行为。

人的行为是由意识来控制的，只有意识发生了变化，行为才能发生变化，因此在职业素养的提升中，职业意识的转变是第一位的。职业意识通过专业知识和技能的学习进行启蒙形成，并在社会实践和职业活动中体验并强化。

（三）职业技能

职业技能也可称为职业能力，是人们从事某种职业的多种能力的综合，主要包含任职资格、职业素质和职业生涯管理能力，即能够从事某一特定职业的能力、人际交往能力、团队协作能力、对环境的适应能力、遇挫时良好的心理承受能力等。

职业能力是胜任某种职业岗位的必要条件，可通过教育培训和职业实践发展职业能力。个体的职业能力越强，各种能力越是综合发展，就越能促进个体在职业活动中的创造和发展，取得较好的业绩，从而带来职业成就感。

二、学习民航服务礼仪对培养职业素养的意义

提升民航业服务质量，除了改善硬件条件，其重点是提升民航服务人员的职业素养。通过本教材的学习与自身修炼，对培养和提高民航服务人员的职业素养具有重要意义。

（一）有利于培养职业意识，树立道德培养和观念

专业知识的学习是形成职业意识和实施职业道德行为的前提和基础，民航服务礼仪的学习有利于职业意识的觉醒与职业规范的习得，在学习与实践中形成职业意识，培育职业道德责任感，从而实施职业道德行为。

（二）有利于提升职业能力，培育职业素养

通过民航服务礼仪学习，学会理解、尊重、沟通，学会如何表达对他人的尊重，通过服务礼仪实践提高与他人协作沟通的能力，逐渐形成良好的职业素质和职业习惯，

实施良好的职业行为，从而对个人职业生涯发展起到积极的促进作用。

（三）有利于树立职业信念，满足行业需求

民航服务礼仪学习需要大量的实践与练习，在模拟情境中切实参与岗位体验，使知识具象化，以便更好地掌握职业技能，提高职业认知，帮助学习者树立职业自信，在知识、能力、素质方面迅速发展，形成正确的人生观、世界观、价值观，同时迅速融入职场，为职业生涯保驾护航。

 **任务实施**

1. 你将从哪些方面培养自己的职业素养？

2. 观看电影《中国机长》，谈谈观影后你对民航服务人员具备的职业素养的认识。

>>> >>> 模块二

民航服务人员
职业形象塑造

模块介绍

    民航服务人员职业形象反映着民航企业、民航业的形象，在国际交往中更是反映着国家民族的形象。航空企业一直在对民航服务人员进行严格的全方位的培训，对其文化素质和专业技能进行培养，社会公众对航空公司乘务员的印象是"美丽大方、端庄典雅"。民航服务人员标志性的制服、精致的妆容、得体的举止，成为民航企业形象打造的重要举措。

    本模块将通过服饰规范、妆容规范、发型规范、体态规范四个任务开展学习与训练，全方位塑造乘务员庄重典雅、美丽大方的职业形象，为旅客展现高品质的服务形象。

思维导图

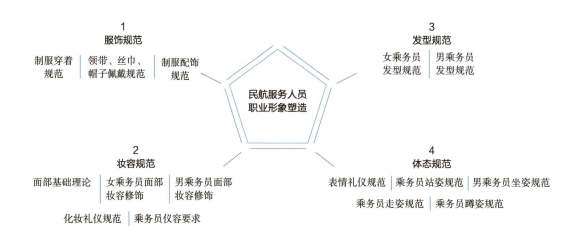

模块导入

　　良好的职业形象，能展示个人的修养与专业水准，表示对旅客的尊重、友善和真诚，对打造专业品牌形象，提升民航企业的竞争力和影响力非常重要。身穿航空公司制服的乘务员们，整洁的妆发，自信的体态，亲切的微笑，带给旅客的感受是什么呢？

任务一　服饰规范

学习目标

1. 知识目标：了解民航乘务员制服特点，掌握制服着装原则与方法，掌握佩戴证件的正确方法。

2. 能力目标：能够按照制服穿着规范进行规范穿着和配饰佩戴，学会打领带、系丝巾。

3. 素质目标：增强职业的责任感、荣誉感，培养爱岗敬业的职业精神。

相关知识

民航乘务员的制服已经成为民航企业的形象符号，既突显民航业的职业特点，又融入民航企业的文化内涵，展现了民航乘务员良好的职业形象，给旅客职业美的享受。乘务员制服包括夏季装连身裙或者短袖、马甲、裙子、丝袜、单皮鞋，春秋装外套、长裤、风衣，以及冬季装大衣、靴子，部分航空公司还配有帽子、丝巾，另外与制服配套的还有乘务员的工作围裙，色调款式与制服形成合理的搭配。整套制服设计既简洁又时尚，展现出自信、高雅、干练的乘务员形象。

一、制服穿着规范

（一）制服穿着基本要求

民航服务人员穿制服讲究合身完好、整洁挺括、美观大方、注意场合，穿着制服有以下基本要求：

1. 大小合身

"四长合适"即袖至手腕，衣至虎口、裤至脚面、裙到膝盖。"四围合适"即领围以插入一指大小为宜，上衣的胸围、腰围及裤裙的臀围以穿一套羊毛衣裤的松紧为宜。

2. 成套穿着

制服必须成套穿着，不与制服套装无关的其他服饰随意搭配。根据公司规定统一着（春、夏、秋、冬）装。

3. 保持完好

制服剪裁规整，避免出现开线、磨毛、磨破、破损、纽扣丢失的现象，出现开线、丝袜破洞等情况需立即更换。

4. 清洁挺括

制服穿着忌不洁，要求无异物、无异色、无异迹、无异味等，尤其是领口与袖口要保持干净；制服穿着忌皱，要求上衣平整、裤线笔挺，注意熨烫，保持挺括。穿着制服时需要保持挺拔的姿态。

5. 注意场合

制服代表了企业形象，主要在上岗时和需要的场合穿着，私人聚会等休闲、社交场合不宜穿着。

（二）女乘务员着装规范（图2.1）

图2.1　女乘务员着装

（1）制服系好纽扣，衬衣袖口扣好，不可挽起，衬衣下摆扎入裙或裤腰中，干净整洁，系好丝巾。

（2）大衣必须扣好纽扣，系好腰带，口袋平整，避免放置过多物品。

（3）与制服配套的帽子应戴在眉上方1~2指处。

（4）丝袜颜色统一，保持无洞无破损。

（5）着统一款式的皮鞋，保持光亮无损。

（6）围裙在餐饮服务时穿戴，保持整洁。

（三）男乘务员着装规范（图2.2）

图2.2　男乘务员着装

（1）制服外套为单排扣西装，扣上纽扣，最下面一颗纽扣不扣，西装口袋平整，不可放置物品，衬衣袖口扣好，不可挽起，衬衣下摆扎入裤腰，裤子熨烫平整，干净整洁，佩戴好肩章、领带。

（2）大衣必须扣好纽扣，口袋平整，避免放置过多物品。

（3）袜子深色高脖，坐立时不露出皮肤为宜，无洞无破损。

（4）着统一款式的皮鞋，且保持光亮无破损。

（5）马甲在服务时可穿。

（6）皮带简洁大方，无明显 Logo，不挂物品。

（四）鞋袜穿着规范

1. 女乘务员

按航空公司统一配发鞋袜搭配；穿黑色羊绒裤时，必须穿皮靴；随时携带一双长筒丝袜备用。

2. 男乘务员

按航空公司统一配发鞋袜搭配；保持皮鞋干净光亮，鞋袜无异味。

二、领带、丝巾、帽子佩戴规范

（一）系领带

领带是男士西装的灵魂，男乘务员穿着西装制服时必须系公司统一配发的领带，领带系好后的长度以到皮带扣处为宜。从易到难介绍三种领带系法：四手结、半温莎结、温莎结。

（1）四手结，结呈现不对称形状，简洁小巧（图2.3）。

（2）半温莎结，优雅大方（图2.4）。

（3）温莎结，呈现饱满的倒三角形，经典正式，因温莎公爵而得名（图2.5）。

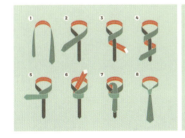

图2.3 四手结　　　　图2.4 半温莎结　　　　图2.5 温莎结

（二）系丝巾

各航空公司根据乘务员制服搭配与之协调的丝巾，让丝巾在航空公司乘务员制服中起到画龙点睛的作用，其颜色、大小、形状以及系法各具特色。在着制服时必须使用与其配套的丝巾，丝巾的系法也仅限于航空公司所规定的式样和标准。

1. 制服丝巾平结系法

步骤一：丝巾正面朝下摆放，将丝巾相对的两角分别向内侧对折成窄长条；

步骤二：将丝巾规则边朝上挂于颈部，丝巾两端交叠在一起，长端压在短端上；

制服丝巾
平结系法

步骤三：将长端从短端下面向上穿过，打一个结，长端在上短端在下；

步骤四：再将上面的长端绕过下面的短端打一个结；

步骤五：整理丝巾结，将丝巾结置于右肩处，一端在前一端在后。

2. 制服丝巾山茶花结系法

制服丝巾
山茶花结系法

步骤一：丝巾正面朝下摆放，从丝巾的一边像叠扇子一样，上下反复折叠至丝巾另一边；

步骤二：将丝巾挂于颈部，丝巾两端对齐；

步骤三：两端分别朝外折叠；

步骤四：用小皮筋系上；

步骤五：整理丝巾结，打开成山茶花形状置于左肩处。

3. 制服丝巾叠放式系法

步骤一：丝巾正面朝下摆放，将丝巾相对的两角分别向内侧对折成窄长条；

步骤二：将丝巾规则边朝上挂于颈部，丝巾两端交叠在一起，两端一样长（交叉顺序与衬衫衣领右压左一致）；

步骤三：将上面的一端叠进去；

步骤四：将下面的一端叠放进去；

步骤五：将整个叠好的丝巾放入衣领内，整理好。

（三）帽子

部分航空公司的女乘务员制服有配套的制服帽子，多是冬季佩戴，而四川航空、厦门航空的空乘制服帽已经成为整套制服搭配的要求，四季都戴。制服帽子佩戴时按航空公司统一要求进行。

1. 四川航空

佩戴季节：四季均需佩戴。

佩戴时间：执行航班任务参加航班准备会、进场、退场、迎客、送客均需戴帽子。帽子在向旅客致礼后脱下（一般是飞机开始滑行，安全检查之前脱帽子；飞机落地停稳，舱门开启前戴上帽子）。

佩戴要求：航徽正对左侧眉峰上2厘米。帽檐距离眉毛垂直距离不超过1厘米。取戴帽子时，应回避旅客视线，在服务间和卫生间完成，同时照镜做好整理（图2.6）。

图2.6　四川航空乘务员帽子佩戴

2. 厦门航空

佩戴季节：四季均需佩戴。

佩戴时间：执行航班任务参加航班准备会、进场、退场、迎客、送客均需戴帽子。帽子在向旅客致礼后脱下（一般是飞机开始滑行，安全检查之前脱帽子；飞机落地停稳，舱门开启前戴上帽子）。

佩戴要求：航徽位于左眉上方，帽檐距离眉毛垂直距离1.5厘米左右，帽子向左倾斜15度左右，航徽最高位须与帽子上的黑色皮圈上沿齐平（图2.7）。

图2.7　厦门航空乘务员帽子佩戴

3. 东方航空

佩戴季节：冬季佩戴。

佩戴时间：进退场时需统一穿戴。进入直接准备阶段（登机准备时）取下放置在规定区域，直至下飞机时佩戴。

佩戴要求：帽子戴于正上方（图2.8）。

图2.8　东方航空乘务员帽子佩戴

三、制服配饰规范

（一）工号牌佩戴规范

1. 女乘务员佩戴位置

（1）穿制服外套时，工号牌佩戴在制服左上口袋边沿的上方正中间位置。

（2）穿马甲时，工号牌佩戴在马甲左上口方与第一粒纽扣平行位置（V字领马甲）或第二粒纽扣位置（圆领式马甲）。

（3）穿制服连身裙时，工号牌佩戴在左上侧，与腋下齐平。

（4）穿围裙时，工号牌佩戴在左侧肩带上方。

2. 男乘务员佩戴位置

（1）穿制服外套时，工号牌佩戴在左上口袋边沿的上方正中间位置。

（2）穿马甲时，工号牌佩戴在马甲左上口袋边沿的上方正中间位置；如果马甲没有口袋，工号牌则佩戴在第一粒纽扣平行上5厘米位置。

（3）穿衬衣时，工号牌佩戴在衬衣左上侧口袋边沿的上方正中间位置。

3. 佩戴注意事项

（1）佩戴有自己姓名的工号牌，且工号牌无字迹模糊、破损等现象，不可借用他人的工号牌佩戴。

（2）佩戴工号牌后要检查是否在规范标准位置，工号牌外露，不可被遮挡（图2.9）。

图 2.9　佩戴工号牌

（二）登机证佩戴规范

（1）穿制服时，登机证挂在制服衬衫衣领内，自然下垂，正面朝外。

（2）穿大衣时，登机证挂在大衣领外，自然下垂，正面朝外。

注意事项如下：

（1）登机证是所有空勤人员在执行航班任务时的身份证明，仅限于本人使用，当证件丢失时，应当立即报告发证部门。

（2）乘务员在进港或出港时（进出候机楼及上下飞机时），必须佩戴登机证并向相关人员主动出示登机证接受检查。

（3）登机证使用统一挂链，不能使用其他挂链，不能在登机证上涂抹删改（图2.10）。

图 2.10　佩戴登机证

（三）饰物佩戴规范

乘务员禁止佩戴手链、手镯、脚链、胸针等饰物。可以佩戴的饰品如下：

1. 手表

男、女乘务员在执行航班任务时必须佩戴手表，手表款式是较正规的金属或皮表带手表，禁止佩戴卡通式、彩色或款式夸张、无指针的手表（图 2.11）。

图 2.11　手表

2. 戒指

男、女乘务员可佩戴金属质地戒指一枚，如为钻戒，须为全嵌式。且只能戴在无名指或中指，禁止佩戴在其他手指（图 2.12）。

图 2.12　戒指与耳钉

3. 耳饰

女乘务员可佩戴耳钉一副（左右各一只），质地为浅色珍珠或白色钻石，直径不超过 5 毫米；禁止在 1 只耳朵上扎 2 个以上的耳眼或佩戴 2 个以上的耳钉；禁止只在一侧耳朵佩戴耳钉；男乘务员禁止佩戴耳钉或耳环（图 2.12）。

（四）其他要求

1. 使用飞行衣箱（图 2.13）

（1）使用规定的飞行衣箱、背包、衣袋。

（2）为避免拿错，可在飞行衣箱上贴好个人的名卡。

（3）不在飞行衣箱上吊挂及粘贴饰物，保持用品整洁完好。

（4）由于丢失证件就无法继续执行航班任务，因此要妥善保管个人的衣箱，以免影响执行航班任务。

图 2.13　飞行衣箱

2. 制服清洁管理

制服要注意日常清洁管理，制服要洁净，无污渍、斑点、褶皱、抽丝、脱线、缺扣、残破、毛边、反光，丝巾要干净整洁。

（1）衬衫要定期进行换洗，尤其是领口、袖口要保持干净平整，无泛黄、污渍或脱丝等情况。

（2）制服外套定期干洗，与制服同时配套穿着的内衣、衬衫、鞋袜等也应定期进行换洗。

（3）洗后的制服要熨烫，穿前烫平，穿后应用专用西装衣架挂好，要求上衣平整、裤线笔挺。

 **任务实施**

一、项目训练

1. 以小组为单位，根据制服穿着规范，检查制服，并陈述制服穿着规范。

> 情况：请在相应的完成情况后打上"√"。
>
> 顺利完成□   基本完成□   部分完成□   不能完成□
>
> 任务小结：

2. 个人练习，熟练并正确掌握丝巾、领带各三种系法，每种均能在 2 分钟内完成。

> 情况：请在相应的完成情况后打上"√"。
>
> 顺利完成□   基本完成□   部分完成□   不能完成□
>
> 任务小结：

3. 小组为单位，根据制服配饰规范，检查工号牌、饰物等佩戴规范，并陈述制服配饰规范。

> 情况：请在相应的完成情况后打上"√"。
>
> 顺利完成□   基本完成□   部分完成□   不能完成□
>
> 任务小结：

二、规范着装评价（表2.1）

表2.1 制服规范着装评价表

评价项目		评价标准	是否做到	评语
着装规范	制服规范	①合身完好、清洁挺括、成套穿着。	是 否	
		②衬衣系好纽扣，下摆扎入裙或裤腰。	是 否	
		③外套扣好纽扣，裙子或裤子平整。	是 否	
		④黑色皮鞋，光亮无灰尘、无破损。	是 否	
		⑤袜子颜色符合规范，完好无破损。	是 否	
	领带丝巾	①佩戴统一配发的领带，正确系领带。	是 否	
		②佩戴统一配发的丝巾，正确系丝巾。	是 否	
	配饰规范	①工号牌佩戴在规范的位置。	是 否	
		②登机证规范佩戴。	是 否	
		③手表规范佩戴，走时准确。	是 否	
		④仅佩戴一枚符合规定的戒指。	是 否	
		⑤仅佩戴一副符合规范的耳钉。	是 否	

三、案例思考

制服与企业形象

某日，某航空公司的客舱部接到投诉电话，称该航空公司一乘务员酒后闹事，与饭店服务员发生争执，满嘴脏话，还砸坏了饭店的餐具。客舱部领导马上安排人员进行调查了解：投诉问题是否属实？为什么饭店工作人员知道是哪家航空公司的乘务员？

三天后调查结果是：该乘务员在航后不止一次穿着制服外出吃饭，严重违反了航空公司关于制服管理的规定；每次到饭店领带外斜、衣袖圈起、纽扣解开，衣冠不整；酒后对饭店服务人员出言不逊，发生争执，砸坏餐具。

当客舱部领导与这位乘务员谈话时，该乘务员声称自己最近情绪不好，而且认为航后吃饭喝酒是个人行为，不在公司管理范围之内。最后公司的处理决定是开除这位乘务员。

请问：

1. 为什么这位乘务员会被公司开除？

2. 为什么航空公司对穿制服要规定允许和禁止的场合？

3. 制服与企业形象到底有何关系？

知识拓展

1. 制服的功能

1）识别的功能

一是识别职业特征。为了实际工作的需要，不同职业往往需要具有不同特征的制服。如军服、警服、海员服、空乘服、邮政服、工商服、税务服等，能让人瞬间识别其职业特征。二是识别职级差异。在同一个单位，不同部门、不同级别、不同职务的人员，往往从其制服上就可以区别开来。这是为了分工明确，增进着装者的荣誉感，同时争取舆论的监督。

2）激励的功能

实现着装风格整齐划一。从总体上讲，工作人员在自己的工作岗位上是不允许过多张扬个性的。身着样式一致的制服，不仅有助于体现整个单位的共性、全体员工良好的合作性与凝聚力，而且也便于企业、单位更为有效地对全体员工进行要求和管理。

3）宣传的功能

树立企业、单位的形象。许多企业要求全体员工身着统一式样的制服上班，实际上是建立某一社会组织用以树立自身形象的"企业静态识别符号系"的常规手法之一。即要求全体员工在工作岗位上身穿制服，从而使本企业形象深入人心。

2. 着装原则

1）TPOR 原则

着装礼仪遵循的 TPOR 原则：T（Time）代表时间、季节、时令等；P（Place）代表地点；O（Occasion）代表场合；R（Role）代表角色、身份。TPOR 原则要求着装要与所处的时令、地点、场合环境相吻合，符合着装人的角色身份，根据 TPOR 原则选择服饰。

2）文明大方

着装要符合本国的道德传统和常规做法，在公务商务场合，忌穿过露、过透、过短和过紧的服装。身体部位的过分暴露，不但有失自己的身份，也会显得极不尊重，使他人感到不便。

3）搭配得体

着装的各个部分相互呼应，精心搭配，特别是要恪守服装本身与鞋帽之间约定俗成的搭配要求，在整体上尽可能做到完美、和谐，展现着装的整体之美。制服整体设计已经注重了呼应与搭配，因此讲究成套穿着。

4）个性特征

个性特征原则要求着装适应自身形体、年龄、职业的特点，扬长避短，并在此基础上创造和保持自己独有的风格，即在不违反礼仪规则的前提下，在某些方面可体现与众不同的个性，切勿盲目追逐时髦。制服着装讲究统一规范，因此，该原则不适用于制服穿着。

任务二 妆容规范

学习目标

1. 知识目标：了解乘务员妆容的基本要求。

2. 技能目标：掌握乘务员洁肤、护肤的方法与特点；掌握乘务员职业化妆步骤与化妆技巧；能设计乘务员妆容方案。

3. 素质目标：爱岗敬业，科学合理的美容化妆可突出和美化形象，充分认识自己所从事职业的社会价值。

相关知识

乘务员职业形象塑造知识技能是做好此职业应该具备的专业知识和能力。拥有过硬的专业知识、精湛的化妆技能，才能完善自我仪容仪表。

一、面部基础理论

（一）面部轮廓

图 2.14 面部轮廓图

面部轮廓分为外轮廓和内轮廓，从两个眉峰各拉一条分割线，即轮廓线，两线之间的部分叫内轮廓；轮廓线到外侧发际线的部分称为外轮廓。

（二）五官比例结构

面部结构的标准比例关系，即脸部的黄金比例是"三庭五眼"（图 2.14）。

"三庭"主要是指脸的长度，从人的发际线到眉骨、眉骨到鼻尖、鼻尖到下巴各占 1/3。其中，耳朵上至眉毛，下至鼻尖；眼睛在中庭的二分之一处；鼻子底部在眼睛与下巴的中间二分之一处；嘴巴在鼻子与下巴的三分之一处。

"五眼"主要是指脸的宽度，具体是说正常人的两只眼睛之间的距离正好等于一只眼睛的宽度；鼻子宽度是两只眼睛的间隔宽度；外眼角到发际线的距离也是正好等于一只眼睛的宽度。

"三庭五眼"是确定脸部五官位置和比例的基础，我们可以通过化妆来调整五官的位置及比例，以此达到修饰面部的目的（图2.15）。

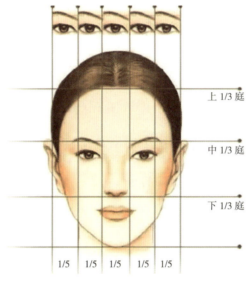

图 2.15　三庭五眼图

二、女乘务员面部妆容修饰

（一）护肤

女乘务员在化彩妆之前，须进行基础护肤，使皮肤滋润，利于上妆。具体步骤主要是：涂抹护肤品→润肤品→防晒霜（表2.2）。

表 2.2　护肤分解表

品种	产品	适用肤质	适用季节	作用
护肤品	柔肤水	针对干性及中性肤质	秋冬季	补充水分、收缩毛孔、软化角质、调节皮肤 pH 值、平衡油脂分泌
	爽肤水	针对油性及中性肤质	春夏季	
润肤品	润肤霜	针对干性及中性肤质	秋冬季	滋润皮肤，使皮肤柔软、细腻
	润肤乳	针对油性及中性肤质	春夏季	

续表

品种	产品	适用肤质	适用季节	作用
防晒霜	乳液型防晒霜	针对干性及中性肤质	秋冬季防晒倍数可降低，春夏季增高	根据具体的对象选择不同 SPF 或 PA 值的产品，将皮肤与紫外线隔离开
	清爽型防晒霜（喷雾状、胶质）	针对油性及中性肤质		

（二）上底妆

1. 隔离及修颜

一般来说，隔离与修颜二合一进行。其隔离妆前乳能调整肤色，弥补肤色不均等缺点，同时隔离彩妆、防止粉尘等外界因素对皮肤的伤害。以下分类表根据不同肤色选择不同剂型的隔离妆前乳进行调配（表 2.3）。

表 2.3 隔离妆前乳分类表

色系	针对不同肤色	作用
白色	适合自然有气色的无瑕肌肤	提亮肤色、增强均匀度的效果
浅绿色	色彩学中，绿色的对比色是红色。因此，绿色可以调和偏红或痘痘肌皮肤	面部遮瑕，改善红血丝、遮痘印的作用
淡紫色	色彩学中，紫色的对比色是黄色。因此，紫色具有调和黄色的作用。	可以修饰暗黄、使缺乏生机的憔悴肌恢复亮度的效果
粉色	适合卡白皮肤	使用后恢复气色，焕亮润泽。

2. 底妆色彩遮瑕（图 2.16）

针对不同皮肤问题，有效选择能修饰遮盖面部瑕疵较明显部分，如黑眼圈、眼袋、泪沟、法令纹、突出痘痕等（表 2.4）。

表 2.4 遮瑕色号分解表

色号	色系	遮瑕区域	功效	画法
1 号色	肉橘色	眼袋、泪沟	平复眼袋、泪沟等凸出区域（可搭配 5 号色共同使用）	扁平遮瑕刷沿着纹路走向刷开至均匀表面，由光感的视觉感官下抹平痕迹
2 号色	肉色	眉骨	提亮	指腹涂抹
3 号色	深黄色	额头外边缘	缩小额头	湿粉扑点压
4 号色	绿色	红色脸颊、疱疹状痘痘或青春痘	突出痘痕为青春痘消退后留下的凹凸状印迹，帮助绿色隔离修颜液增强遮盖厚度	小面积可使用扁平遮瑕刷，大面积用斜头遮瑕刷效果更佳

续表

色号	色系	遮瑕区域	功效	画法
5 号色	橘色	黑眼圈	遮盖黑眼圈	用指腹或斜头遮瑕刷按压手法点在黑眼圈处即可
6 号色	浅黄色	法令纹	平复纹路	扁头刷顺着纹路斜刷
7 号色	粉紫色	鼻梁、下巴、额中需突出区域	提亮效果	湿粉扑点压

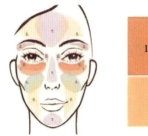

图 2.16　底妆色彩遮瑕

3. 粉底

粉底中最常见的产品是粉底液。用法：将粉底液挤到虎口，用湿润发胀的粉扑蘸取粉底液以点压的手法涂于面部。如想达到皮肤无负担、更加轻薄的效果，可以使用气垫粉底代替粉底液。

4. 定妆

定妆可缓解底妆因油脂分泌过快而滑落的问题，起到持久底妆的功效。定妆分为散粉定妆、定妆水和粉饼定妆三种方式（表 2.5）。

表 2.5　定妆分类表

分类		特点	使用手法	注意事项
散粉		效果轻薄，抗油效果佳	干粉扑蘸取散粉按压至面颊，让毛孔吸收，起到定妆效果	不适合补妆
粉饼		抗油效果佳	干粉扑按压	可补妆可定妆，但大多数时候作为补妆工具使用。优点是方便乘务员携带，可干湿两用
定妆水	雾面	针对油性皮肤，既滋润皮肤又控制出油	喷洒至面颊	属于喷雾状产品，乘务员需分场合携带
	亮面	针对干性皮肤，喷后皮肤滋润亮泽，避免了用散粉皮肤干的窘境		

（三）彩妆

1. 眼部彩妆

随着流行色调的变化，配合个人的肤色、服装、不同季节和使用场合需要，女乘务员常用以下两种眼影画法：

1）渐层法（图 2.17）

顾名思义就是要有颜色上的深浅变化。一般来说，是由眼球中央开始向两边，沿睫毛的根部处将整个眼皮前后晕染，第一层颜色不超过整个眼皮位置的 2/3 处。第二层颜色不超过整个眼皮的 1/2 处。最后在睫毛根部的地方进行第三次晕染，加重颜色，形成没有痕迹的颜色渐层就可以了。此画法适合肿眼睛或者小眼睛的人。

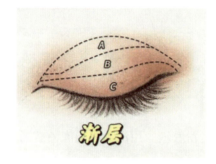

图 2.17　渐层法

2）后移法（图 2.18）

后移法是眼影画法中最常用的。方法是用浅色眼影打底，深色眼影在眼尾的部位顺着眼睛闭眼的弧度向后延伸加以晕染，色彩逐渐变淡，最后叠加第三色在眼中晕染。此画法最显著的效果是拉长眼形，并在视觉上拉长扩宽双眼。

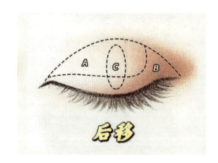

图 2.18　后移法

目前描画眼影的手法更加多样化，还可以利用画卧蚕的方式增加妆容特点。注意卧蚕不是眼袋。卧蚕位置在眼袋以上，是眼部以下突出的鱼腹状皮肤，比较紧致，笑起来更加明显。而眼袋在眼下隆起似半球状，眼袋线条呈凹陷形态。画法要求：

第一步，用珠光的香槟色眼影刷在眼下卧蚕处。

第二步，用雾面的浅咖色眼影沿刚刚提亮的卧蚕下缘轻扫，画出阴影线，并微微晕开即可（图 2.19）。

图 2.19　卧蚕图

2. 眼线

眼线也称为睫毛线，由上、下睑的睫毛根部排列而形成。画眼线的作用是改善眼形缺陷，调整眼睛轮廓和两眼间距，更能增强眼睛神采。空乘人员常用以下两款眼线画法。

1）改善长眼形的眼线画法

上眼线沿着眼形画，至眼尾处 3~5 mm 处向上提拉，可以在眼线的中心部位画得粗一些，使眼型宽度扩大。下眼线宜使用防水眼线胶画，从外眼角向内由粗到细的手法延展至眼睛的三分之二处，就能使眼睛看上去更显圆大有神。

2）改善圆眼形的眼线画法

第一种画法，上下眼线皆顺着眼形画好，将眼梢处的眼线向上或平拉延伸，可将眼尾处 1mm 位置画成小三角形加宽眼线。

第二种画法，突出眼头至眼中部分，在眼尾 3~5 mm 处向外扩展，拉长眼线。

以上两种方法都能达到使眼睛加长的效果（图 2.20）。

眼线　　　　　　　　　　比例图

图 2.20　眼线比例

3. 睫毛

刷睫毛膏的主要作用是加强睫毛浓度和卷曲，增添眼睛的魅力。首先需用睫毛夹把睫毛夹弯至 60° 以上，再从睫毛根部呈 "Z" 字形手法向上刷。叠加次数越多越浓密（图 2.21）。

图 2.21　睫毛效果图

4. 眉毛

眼睛的形状决定眉形的走向，而不同眉形则反映不同的精神状态。眉形的标准比例为：眉头在鼻翼至眼头的延长线上；眉峰处于整个眉毛最高点，在鼻翼至外眼球的延长线上；眉尾则处于鼻翼至眼梢的延长线上；眉头点与眉尾点在一条水平线上（图 2.22）。

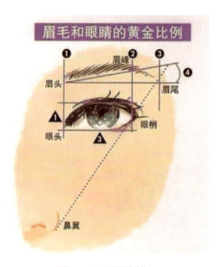

图 2.22　眉眼比例

眉毛根据毛发生长走向描画，须做到"上虚下实"即眉毛下边缘称为眉腰，实线描画成实体，眉毛上方和两头颜色浅，下方和中间颜色深；"缺哪补哪"是指画眉"查漏补缺"，在眉形不均匀处勾画一笔或多笔线条即可，无须整个眉毛全部刻意描画。

乘务员妆容用法较多的眉形有以下两种：

1）标准眉

标准眉形基本适合任何脸型。画法是眉头与内眼角保持在同一条垂直直线上，眉头与眉梢处于同一条水平线上同侧眉梢，眉尾、外眼角、鼻翼三点成一条直线，当眼睛平视前方时，眉峰应位于黑眼球外边缘的垂直线与眉毛的交会处。一般在眉梢至眉头的 2/5 处（图 2.23）。

图 2.23　标准眉形

2）流星眉

流星眉的特点好似流星滑落的柔缓弧度。其画法是眉毛从眉头位置先缓缓上扬，再轻柔滑下。流星眉的尾端则顺滑到鼻翼、眼尾的延长线处，将面部中端视觉锁定成倒三角形状，脸形因此被显衬得 "瘦" 了不少，突显尖下巴的上镜 V 脸效果。流星眉画法是在自身天然的眉形上进行修饰的，弯曲得比较自然。画的时候主要注意长短和粗细，眉头不超过鼻翼，眉尾不超过眼角与鼻翼连成的对角线外，眉峰不能低于眉头（图2.24 ）。

女乘务员
化妆 - 流星眉

2.24　流星眉形

5. 腮红（不同脸型的修饰）

腮红通常针对肤色，搭配整个妆容和服饰色彩而定色。

选择合适腮红的形状，需分析自身"三庭五眼"的比例，跟风不一定适合。不同脸型有不同的腮红画法，还有应用于不同场合的功能性画法。选对腮红画法，可以有效修饰内外轮廓的缺陷，以下针对脸型选择四种有效腮红画法（表 2.6）。

表 2.6　腮红四种画法

方法	图样	画法及特点	适用脸型
截断式		第一笔落在脸颊面中稍微偏上的位置，利用腮红刷上的余粉向两边横向晕染，下巴处也可以带到一点余粉缩短脸型，此种画法如选择橘色系腮红，可起到适当遮盖黑眼圈的效果	长形脸特点是面部留白过多，导致视觉看上去中庭偏长，腮红的最大任务就是要缩短中庭。截断式腮红就是适合修饰脸型过长的一种腮红画法
收缩式		第一笔在鬓角位置，接着往嘴角的连接线方向由外向内轻扫即可。是属于一款修容形状的腮红打法，有拉长脸型、增强立体度的效果	适用于圆形脸。收缩式腮红最主要的任务是增强面部折叠度
提亮式		第一笔落在颧骨最高处，往太阳穴方向向上画"C"字，使太阳穴有膨出效果，相对减弱颧骨突出，线条流畅很多，更有提拉脸型的效果	适合菱形脸和方脸。它们的共同问题是面部颧骨外扩，导致棱角分明。提亮式可起到弱化颧骨的作用
团式		团式腮红是增强减龄妆感的一种画法。第一笔的位置落在眼球以下，贴着卧蚕的位置，以打圈的方式晕染，其范围不可超出鼻头的延长线	除圆形脸以外的所有脸型

6. 高光

面部轮廓点、线、面中最亮的区域。由于骨骼结构与受光的不同，同时也为了突出面部的立体感光区，则利用直接反射光源，在化妆中用高光粉让脸上局部位置看起来凸显。区域包括最亮区、阴影区和次亮区。

7. 阴影和鼻影

阴影用色须比整脸的底妆至少深一个色号的颜色，使需要修饰的部位在视觉上有收缩的效果。用阴影刷刷在两颊腮线以下的部分（颧骨以下，颌骨以上的凹陷处）最为明显。

阴影是可以打在任何你希望在视觉上会"下陷"或者"收缩"的部分。比如：双下巴明显者可以尝试在下巴内侧画阴影；腮帮较宽者可以在颌骨处画阴影；鼻翼过大者可以在鼻头处画"U"型阴影修饰鼻头；发际线过高，额头较宽者可尝试轻扫在发际线边缘和太阳穴以上 2.5cm 处。

　　阴影中的另一部位在鼻梁处，也称为鼻影。画鼻影需注意手法，第一步落笔在眼窝处，由外向内，从上往下斜面轻扫到山根两侧。如标准型鼻翼，鼻影长度可不拉至鼻翼，以免造成黑鼻头（图 2.25）。

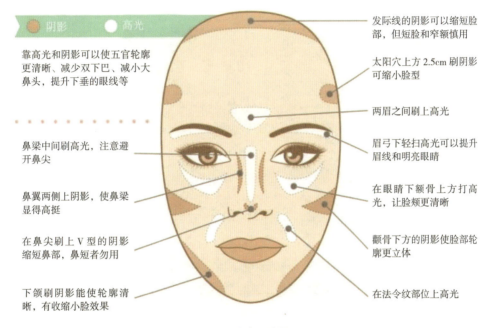

图 2.25　高光阴影图

8. 唇

　　唇部是人们面部关注的焦点。我们如何画好一个唇形，需要先了解唇部构造。其中上唇与下唇的比例大概是 1:（1.3~1.5），唇峰与两个屏峰之间的距离为 1:0.8:1。在画唇形时，最好使用唇刷描画更为精致。

　　标准唇形俗称"M"唇，是一种最符合大众审美的唇形（图 2.26）。这种唇形的特点是唇峰形状鲜明，呈现明显的 M 形，步骤见图 2.27。

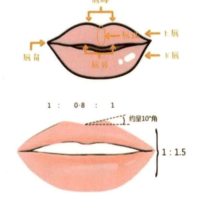

图 2.26　唇形结构与比例图

step1:
描绘M字唇形

step2:
均匀涂满唇部

step3:
加深唇珠两侧
和下唇中间

step4:
用遮瑕修饰上唇M峰
下唇嘴角峰条往上收

效果图

图 2.27　标准唇形画法

（四）女乘务员化妆全过程（图 2.28）

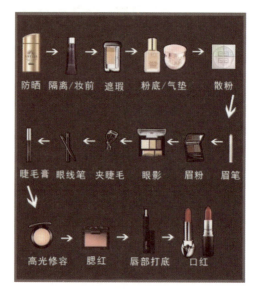

图 2.28　女乘务员化妆全过程图

男乘务员化妆

三、男乘务员面部妆容修饰

男乘务员的妆容需做到干净自然、棱角分明。首先保持面部清洁，其次是护理皮肤和注意脸部五官的自然修饰。

（一）护肤

现如今，男性护肤品逐渐从时尚消费变成刚性需求。男士的皮肤普遍来说比较粗糙，表现在毛孔偏粗大、皮肤角质层比较厚和易出油等，可针对不同肤质护理皮肤。其顺序为护肤水→霜膏类→防晒（表 2.7）。

表 2.7 皮肤护理分类表

顺序	品种	用途	注意事项
护肤水	爽肤水	有效迅速补足肌肤水分	适用于干性及中性皮肤
	收敛水	收缩毛孔，减少油脂分泌	适用于油性皮肤
霜膏类	乳液	所含油量从 10%~15% 不等，主要功能是帮助皮肤锁水，使之柔软、润滑	油性皮肤及中性皮肤
	润肤霜		干性皮肤及中性皮肤
防晒	防晒霜	隔离紫外线	色彩不能偏白，涂抹部位不要忽略脖子、下巴、耳朵等部位，以免造成肤色不均。

（二）底妆

1. 粉底

男乘务员解决面部皮肤粗糙和色素不均等问题是首要任务。男士选择粉底液色号应比女士的偏深，尽量选择与自己肤色接近的色号。

用法：使用海绵粉扑或指腹轻轻拍打的手法，少量多次涂抹，打造柔焦哑光的自然妆感。除粉底液外，男士气垫粉底也是不错的选择。

2. 遮瑕

男乘务员使用遮瑕产品一般用于遮盖青春痘和痘印，选择与自身肤色接近的遮瑕膏遮盖。

手法：用食指指腹或斜头遮瑕刷蘸取遮瑕膏，少量多次点压在目标处。如遇凸出疱疹状颗粒或凹陷的痘坑则需用扁平遮瑕刷扫盖印记。

3. 定妆

男乘务员使用散粉时需注意色调跟粉底液同色，不能偏厚重和过于白皙，否则会造成妆感太强的假象。男士化妆需要"无妆胜有妆"的美感。

（三）彩妆

1. 眉毛

男乘务员为打造干净的面容，应学会修理杂乱无章的眉毛，描画精致的眉形。想要画好眉毛以达到精致的眉形，首先要修眉，眉峰、眉腰至眼睑部分均应从上向下修理。男士最标准的眉形是剑眉，这种眉形会给人一种极具英气的感觉。

画法步骤：先用眉笔从眉毛的下方眉腰处开始定眉形。上方的边缘和下方是一道水平线，眉峰位置比较明显，这样才会显得更立体。眉峰和眼尾保持在一条垂直线上，根据前浅后深的原则用眉笔填充眉毛，眉头用眉刷晕染即可（图2.29）。

图 2.29　男士标准眉形

2. 眼妆

在眼影方面，由于男乘务员打造的妆容多为自然妆感，所以不需在眼妆上刻意描画。用轮廓刷蘸取阴影相关颜色修饰眼窝，使眼睛深邃，便达到效果。

3. 阴影

通常男士修容不需要过多依赖提亮，只需适当提亮鼻梁山根。阴影修饰面部轮廓才是重点。其修饰线条位置在两颊腮线以下的部分（颧骨以下，颌骨以上的凹陷处）最为明显。挺直的鼻梁可以增添男乘务员的五官立体度，起笔于眼窝处，延伸至鼻梁两侧描画鼻影（图2.30）。

图 2.30　男士修容

4. 唇

男乘务员通常需要使用润唇膏护理唇部。客舱中空气流通较小易干燥，润唇膏可以深入滋润唇部皮肤，有效防止唇部角质干裂、粗糙等干燥问题。选择润唇膏无色无味、润泽保湿最佳。

（四）男乘务员化妆全过程（图2.31）

图 2.31　男乘务员化妆全过程图

四、化妆礼仪规范

1. 乘务员深刻认知仪容要求

航空公司要求乘务员上岗前化职业妆，是为了体现乘务员职业的统一性、纪律性，为了展现航空公司的整体形象，体现对职业的尊重，对乘客的尊重。通过化职业妆，帮助找到职业的感觉，更好地规范乘务员的行为举止。乘务员职业形象仪容要求，需做到"干净、整洁、自然、大方、稳重、高雅和富有亲和力"。

2. 洁面护肤需完善

按照洁面→保湿→精华保养→面霜→眼部保养的顺序保养面部皮肤，产品根据自身肤质、不同季节变化而转换。

3. 全身的色调是否统一

乘务员妆容在选色上首先要参考服装的色彩。眼影、腮红、口红应选择与制服同色系或邻近色系，以求整体协调（妆容和服饰颜色搭配可参考色彩中24色相环）。

4. 学会补妆

（1）乘务员工作时间较长，带妆时间也相对增长，这个时候我们就需要学会补妆。

首先用吸油纸将油光部分吸干，再用粉饼或气垫粉底补妆。

（2）乘务员尽量选择防水性眼线笔，免去化妆麻烦。

（3）防止睫毛晕妆的"雨衣"睫毛膏，防止眉毛脱落的定型液，都是防止脱妆的神器。

五、乘务员仪容要求

1. 面部修饰

（1）清洁眼角残留。

（2）修饰眉形，使眉眼比例协调美观。

（3）清洁口腔，口气清新（每日做到"三个三"，即每日三餐后，间隔三分钟即刷牙，每次刷牙三分钟），保持口角干净，唇红齿白。

（4）清理鼻垢，鼻毛不外露。

（5）男士不留胡须。

（6）清理耳垢，保持耳根、耳轮洁净（冬季谨防冻疮）。

2. 颈部修饰

清洁颈部皮肤，可用颈霜护理皮肤预防颈纹的产生。

3. 手部修饰

（1）夏季裸露的手臂，需脱去过长的汗毛。

（2）手部和指甲保持清洁、干净、滋润。甲缝里不留黑边。乘务员从掌心看去指甲长度不超过2毫米，修成椭圆形，边缘光滑圆润。女乘务员不涂带色指甲油，不在指甲上画花图案，不贴假指甲。

（3）秋冬季到来，气候逐渐寒冷干燥，血色不均、冻疮等问题也会明显地表现在手上，手部的保养不可忽视。清洁手部后就应及时擦上滋润型的护手霜，指甲还可以涂上有保护功效的无色或肉裸色甲油，既可以增加指甲的光泽度，也可以在指甲表层形成保护膜，防止甲面缺水皲裂。

（4）手腕除了手表之外不戴其他首饰。不戴工艺、卡通、广告、形态夸张的手表。表带以金属或皮质为宜，宽度不超过2厘米。

4. 腿部修饰

女乘务员着裙装时，需脱去腿部过多的汗毛。常用淡香型身体乳护理滋润腿部皮肤。

5. 香水选择

乘务员在执行航班任务时应当避免过量使用芳香型化妆品。以使用香水为例，淡香型、花香型的香水都比较适合。使用香水的剂量不宜过大，避免同时使用几款香型。

6. 避免残妆

在客舱工作时，要保护妆面的完整性。如用餐、工作之后，一定要及时为自己补妆。

7. 不当众补妆

乘务员对自己的妆容应当认真、一丝不苟，在执行航班任务时避免当众化妆或补妆。

一、项目训练

个人练习，根据自身脸型特点，正确并熟练掌握基本化妆技法。

情况：请在相应的完成情况后打上"√"。

顺利完成□　　　基本完成□　　　部分完成□　　　不能完成□

任务小结：

二、规范妆容评价（表 2.8、表 2.9）

表 2.8　女乘务员规范妆容评价表

评价项目			评价标准	是否做到	评价
女乘务员化妆规范	底妆规范	粉底	①底妆肤色是否均匀 ②粉底选择跟自身肤色是否协调 ③面部瑕疵是否遮盖干净	是　否	
		定妆	是否干净，有无浮粉现象	是　否	
	彩妆规范	眼妆	①眼线干净利落 ②眼影晕染有层次 ③睫毛膏涂得是否有"苍蝇腿"，睫毛上是否沾有粉底霜或粉质	是　否	

续表

评价项目			评价标准	是否做到	评价
女乘务员化妆规范	彩妆规范	眉毛	①是否跟发色相近 ②眉形是否适合自身脸型 ③眉形是否对称	是　否	
		腮红	①形状是否适合自身脸型 ②色泽是否跟妆容统一	是　否	
		高光	"T" "V" "C" 三区提亮	是　否	
		阴影	①根据自身脸型修饰阴影 ②鼻影妆干净，无过重痕迹	是　否	
		唇	①口红颜色是否跟妆容统一 ②唇形是否适合五官比例 ③唇线是否平整 ④牙齿上是否沾有口红	是　否	
	整体妆容规范		①妆容色系是否协调 ②是否配合制服主色 ③粉底是否涂到衣领上 ④颈部和面部的颜色是否一致	是　否	

表 2.9　男乘务员规范妆容评价表

评价项目			评价标准	是否做到	评价
男乘务员化妆规范	底妆规范	粉底	①底妆肤色是否均匀 ②粉底选择跟自身肤色是否协调 ③面部瑕疵是否遮盖干净	是　否	
		定妆	是否干净，有无浮粉现象	是　否	
	彩妆规范	眼妆	①选择轮廓色描画眼窝使眼睛深邃 ②无异色	是　否	
		眉毛	①是否跟发色相近 ②眉形是否适合自身脸型 ③男士画眉"原则"是否做到	是　否	
		腮红	①形状是否适合自身脸型 ②色泽是否跟妆容统一	是　否	
		阴影	①根据自身脸型修饰阴影 ②鼻影干净，无过重痕迹	是　否	
		唇	不起皮、不干裂	是　否	
	整体妆容规范		①全妆效果显得有精神 ②无过重化妆痕迹 ③颈部和面部的颜色是否一致	是　否	

三、案例思考

化妆并非所有流行元素的堆砌

小周是某高校民航服务专业的一名学生，平时热衷于各类彩妆画法，也是学院小有名气的化妆达人。在校期间，学院会给每位学生定制制服，本届制服颜色为正红色主打色系。对于喜爱彩妆的小周来说，技术不在话下，定能把自己打扮得漂漂亮亮。

在化妆练习中，小周用了许多当下流行的彩妆元素搭配身上的制服，妆感精致，线条流畅。可在课堂得分中，却没有达到她的理想分值，这使小周纳闷不已。问其原因，老师给出结论：在这节课上，小周的眼影画法为后移法，为了凸显眼部轮廓，她用了橘色眼影画眼头及眼睑，接着用棕色勾画眼窝及眼尾，腮红用了珠光粉色显气色，再配合腮红色系涂了玫红色的口红，单看五官，每一处都很精美，可搭配制服后再看这整体妆容却显突兀花哨，扣分就扣在了色彩统一的原则上。

请问：

1. 请给出小周同学的妆容整改意见。

2. 请大家按照自身制服颜色，给出适合自己的彩妆妆容色系。（可参照知识拓展中相关知识）

 知识拓展

一、皮肤的认知

（一）皮肤的类型

根据皮肤角质层含水量、皮脂分泌量以及皮肤对外界刺激的反应性等，可将皮肤分为以下五种类型（表 2.10）。

表 2.10　皮肤分类表

皮肤分类总结表				
皮肤类型	优缺点		易产生皮肤问题	护理
中性	优	理想皮肤状态。毛孔细腻，角质层的含水量在 20% 左右，皮脂分泌适中，皮肤 pH 值为 4.5 ~ 6.5，皮肤耐受强，不易受外界刺激，光滑且富有弹性	少	多见于青春期前的人群，做好温和清洁、防晒
	缺	无		

续表

皮肤类型		优缺点	易产生皮肤问题	护理
干性	优	细腻，毛孔小。角质层含水量低于10%，皮脂分泌少，pH值＞6.5	皮肤干燥，且易产生细纹皱纹，易衰老松弛，斑点暗黄。洗脸后紧绷感明显	温和清洁，深层保湿，防晒
	缺	由于缺乏皮脂，难以保持水分，所以缺水又缺油		
油性	优	皮肤饱满，不易长细纹。皮脂分泌旺盛，pH值＜4.5，皮肤弹性好	皮肤容易发生痤疮、粉刺、黑头及脂溢性皮炎等皮肤病	最常见于青春期及一些体内雄性激素水平高或具有雄性激素高敏感受体的人群，需深层清洁，控油补水，抑菌等
	缺	皮脂的分泌量与角质层的含水量（＜20%）不平衡，皮肤看上去油光发亮，毛孔多粗大		
混合性	优	T区油多，毛孔大，U区干，干燥粗糙，细纹皱纹，衰老松弛，斑点暗黄，其混合了油性皮肤和干性皮肤的优缺点	即面中部（前额、鼻部、下颌部）为油性皮肤，双侧面颊及颞部为干性皮肤	针对需求部位，不同护理方式
	缺			
敏感性	优	一般肤色偏白	处于此种状态下的皮肤极易受到各种因素的激惹而产生刺痛、烧灼、紧绷、瘙痒等主观症状	另称为敏感性皮肤综合征，是一种高度敏感的皮肤亚健康状态。需做到保湿修护，增强屏障
	缺	与正常皮肤相比，敏感性皮肤易受外界刺激，角质薄，抗紫外线能力弱。此类皮肤的人群常易出现面色潮红状态		

（二）皮肤四季的保养（表2.11）

表2.11　皮肤四季保养

季节	特点	如何防护	注意事项
春	春季养肤是最好的时节，新陈代谢加快，需要的营养增多。但又是皮肤比较容易过敏的季节	换季温度的变化、花粉等都会对皮肤有一定的刺激，尽量避免使用刺激性的保养品。一旦发现皮肤有轻微的泛红现象，要停用所有的化妆品和部分护肤品，当摸到过敏造成皮屑状凹凸不平的皮肤时，更不能过度去角质	此季节紫外线开始增强，空气湿度越来越低，肌肤明显感觉到缺水干燥，所以还需加强皮肤的清洁、保湿和隔离防晒
夏	天气温度炎热，汗腺和皮脂腺的分泌也随之增加	可选择清洁性强的洗面奶，洗后涂抹清爽型保湿水和乳液，补充失去的水分和油脂的同时，不会造成皮肤过多油腻。夏季的紫外线最为强烈，易造成色素沉着，色斑加重，同时容易灼伤皮肤，防晒霜防晒指数较春季相比需要加大	尽量避免在日光下暴晒。在饮食上禁忌油腻辛辣刺激的食物，应该多吃一些清淡的食品

续表

季节	特点	如何防护	注意事项
秋	皮肤护理的大好时期。护肤重点在于滋润、美白和保湿	在秋天，日夜温差开始增大，我们应该分开早晚，白天选择滋润型水乳和防晒，晚上着重进行补水，如果是干性皮肤，在水乳过后还可以叠加一层面霜来达到锁水的效果	除了外在护肤，更适合内在调养，乘务员嗓音的保护，宜选择滋阴润肺补品滋养身体
冬	气候非常干燥	需要加强补水锁水的工作，在水乳保湿的基础上还要加强面霜的滋润。有条件的可以使用蒸气熏蒸脸面补充面部水分，防止面部皮肤起皮脱屑	紫外线虽不像其他季节那样通过太阳光直接摄入，也需做足防晒隔离工作，防晒 SPF 值20~30 即可

二、色彩基础知识及应用

（一）色彩的形成

色彩是通过眼、脑和我们的生活经验所产生的一种对光的视觉效应。人对颜色的感觉不仅仅由光的物理性质所决定，还受到周围颜色的影响。在化妆过程中，以美术概念区分色彩的属性。

（二）原色

1. 三原色

色彩是由于物体上的物理性的光反射到人眼睛视觉神经上所产生的感觉。颜料三原色为红、黄、蓝，由此三种颜色可以混合出所有颜料的颜色（图 2.32）。

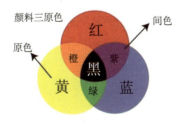

图 2.32　颜料三原色

2. 色相

所谓色相，指的是不同频率中的色彩。把所有颜色组合在一起，就形成了色相环（在色相环中，每个颜色都可作为主色）（表2.12）。

色彩的对比关系：根据波长而定的色相环，与化妆所学知识息息相关。用色相环上的两色之间的距离和角度来表达色彩的强弱关系（图2.33、图2.34）。

表 2.12　色相环角度类别表

色相环	角度比例	特点	运用
同类色	15° 左右	色差小，能使画面保持统一	可运用于彩妆色彩搭配，如眼影晕染等
类似色	30° 左右	能保持色彩的画面统一与协调	整体五官妆容的运用搭配
近邻色	60° 左右	属于色相中的中对比	可运用于服饰（制服可参考）及妆容整体搭配
中差色	90° 左右	在视觉上有相当大的配色张力效果	多用于时尚服饰搭配。在眼影运用上适合后移法
对比色	120° 左右	次于互补色，效果比较饱满	多用于服装、美术等。在眼影运用上适合结构法和欧式法
互补色	180° 左右	对比最为强烈，感官刺激性强的色彩组合	运用在化妆修颜过程中最常见的"红与绿""紫与黄""蓝与橙"

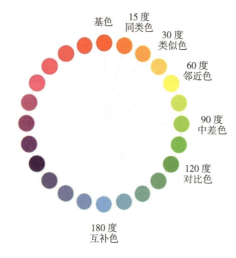

图 2.33　色相环角度类别

图 2.34　色相环

任务三 发型规范

学习目标

1. 知识目标：了解乘务员发型的基本要求。

2. 技能目标：掌握正确护理头发的基本方法，掌握乘务员职业发型。

3. 素质目标：通过对自身形象的严格要求，培养敬业、勤业、乐业的态度；提高综合职业能力，追求精益求精、一丝不苟的态度。

相关知识

乘务员发型已经成为职业形象标志。了解发型基础知识，学习掌握乘务员盘发、整理发型。

一、女乘务员发型规范

（一）长发规范

乘务员盘发须做到发髻整齐盘起，发丝不乱。露出前额，如有刘海者，以不过眉毛为宜。两侧耳朵露出，使用发胶或发夹固定好鬓发，避免将鬓发挂于耳后（图2.35）。

女乘务员造型

图2.35 长发乘务员发型规范

（二）短发规范

可直发或烫发，前提是需将头发梳理整齐，用发胶或发蜡定型短发，使头发具有干净利落的效果。刘海长度应保持在眉毛上方1~2cm。定期修理头发，不宜过短或太过蓬松。做到梳理整齐，定期修理，前不遮眉，后不触领，侧不遮耳，不染异色（图2.36）。

图 2.36　短发乘务员发型规范

（三）盘发髻步骤

1. 盘发工具（表 2.13）

表 2.13　盘发工具表

工具	图	用途
尖尾梳（挑梳）		用于盘发和挑理发丝
黑色发夹		用于夹碎发和固定头发
黑色橡皮筋		用于捆绑马尾

续表

工具	图	用途
U 形夹		固定发髻。适合发量多者
隐形发网		罩发髻。选择网质细密为佳
发胶		头发定型的喷射型产品。气雾剂型和水状两种均可

2. 长发盘发（中国髻）步骤

（1）先将头发梳理规整。乘务员盘发可适当提高脑顶点的头发高度，采用用尖尾梳倒梳发根的方式，使头顶饱满。

（2）梳平头发表面，用黑色橡皮筋将头发扎成马尾辫。

（3）将钢夹卡到隐形发网边缘，插入橡皮筋内固定。

（4）将头发放于发网内罩好，顺时针扭转，外形呈圆形且饱满（直径 8~10cm），随之再用 U 形夹固定。发髻高度应与耳后点取齐（三指高度）。

（5）碎发使用发胶或发夹固定，做到整齐、干净、饱满。

二、 男乘务员发型规范

1. 发型要求

男乘务员发型求做到要大方自然、整洁光亮。两侧鬓角不得长于耳廓中部。刘海保持在眉毛上方 2cm 以上，不能遮住眼睛。发色以自然黑或黑棕色为主。关于长短问题，规定男乘务员发型前不遮眉，后不触领，侧不遮耳，鬓不过长，不染异色，不留光头。

2. 发型工具（表 2.14）

表 2.14　发型工具表

工具	图	用途
发蜡		使头发更加易于定型和修饰。
干胶		分不同等级，等级越高定型效果越好
吹风机		可使发丝达到理想高度
卷发梳		使发型蓬松，辅助吹风机使用

男乘务员造型

3. 发型整理步骤

整理男乘务员发型，需做到会看、会吹、会整理。

（1）男乘务员首先要观察脑顶点出现塌陷的发丝，或凹凸不平的发丝蓬乱现象，用吹风或手抓的方式整理。

（2）顶点发丝规范后，顺着往前衔接中心基准点至刘海区域的蓬乱发丝，可吹风或用手抓的方式使其头发饱满且整齐。

（3）最后，整理头部后面区域，如发现头型有翘起现象，仍需用手将每处头发整理规范。

任务实施

一、项目训练

1. 女乘务员结合自身头型、脸型完成符合乘务员要求的中国髻。

情况：请在相应的完成情况后打上"√"。

顺利完成□　　　　基本完成□　　　　部分完成□　　　　不能完成□

任务小结：

2. 男乘务员结合自身头型脸型完成符合乘务员要求的发型整理。

情况：请在相应的完成情况后打上"√"。

顺利完成□　　　　基本完成□　　　　部分完成□　　　　不能完成□

任务小结：

二、规范发型评价

分组练习乘务员发型，并进行规范发型互评（表 2.15、表 2.16）。

表 2.15　女乘务员发型规范要求

评价项目		评价标准	是否做到	评语
女乘务员发型规范	中国髻规范	①发型适合自身脸型；	是　否	
		②刘海高度合适；	是　否	
		③发丝一丝不苟，处理干净；	是　否	
		④发髻圆润饱满（直径 8~10cm）。	是　否	
	短发规范	①刘海长度保持在眉毛上方 1~2cm；	是　否	
		②前不遮眉，后不触领；	是　否	

续表

评价项目		评价标准	是否做到	评语
女乘务员发型规范	短发规范	③侧不遮耳，不染异色；	是　否	
		④用发胶或发蜡定型短发，使头发干净利落；	是　否	
		⑤不宜过短或太过蓬松。	是　否	

表 2.16　男乘务员的发型规范

评价项目	评价标准	是否做到	评语
男乘务员发型规范	①刘海保持在眉毛上方 2cm 以上，不遮住眼睛；	是　否	
	②前不遮眉，后不触领；	是　否	
	③侧不遮耳，鬓不过长；	是　否	
	④不染异色，不留光头；	是　否	
	⑤发型蓬松饱满，干净利落。	是　否	

三、案例思考

练习中的为难

小薇是一名民航服务专业的学生，平时非常关注自我素质、形体和妆容的塑造。尤其是穿上乘务员专业制服后，她对仪容仪表更加自信。精致的妆容，满意的娃娃头刘海和顺直的发丝，令她心情舒畅，能量满满。在课堂上她认真地学习专业基础知识，为之后的面试作准备。

可是小薇却在发型练习课上犯了难。如此飘逸顺直的秀发，每当遇到给造型喷发胶时，都让她比较焦虑，这可如何是好？她想到了用卡夹子的方法代替发胶，把耳鬓后、脖子以上的毛发用发夹固定，平时刘海偏分后会掉落到额头上，就横着一颗发夹夹住整片刘海。实在抵不过发丝毛躁，就喷点清水压一压，全部省去了喷发胶环节。反正一节课很快就过去了……

请问：

1.都说形象看整体，请大家探讨小薇的做法是否恰当。

2.作为民航服务专业的学生，应该如何处理呢？

一、头部点、线的认识

（一）头部点的认识（图 2.37）

（1）中心点、中心基准点和额点三点连线，可划分为刘海预留区域。

（2）顶点为头部最高点，为发型饱满的点位。

（3）耳后点到后颈基准点的位置和耳点到后脑点的位置，均为乘务员发髻的落点位置。

（4）男乘务员整理发型可先从黄金点着手。

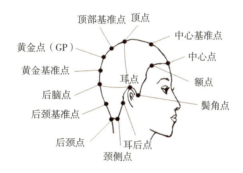

图 2.37　头部点位认识

（二）头部线的认识（表 2.17、图 2.38）

表 2.17　头部线

头部线条	位置	与乘务发型的联系
①中心线	以鼻子为中心向后，是整个头部的垂直延长线	以中心线为界，可根据不同脸型划定刘海三七分、四六分、中分等线条
②侧中线	以耳点为起点，垂直线往上延伸的线	乘务员参考此线条向上延伸，可划分出头部提高区域
③水平线	耳点至后脑点的水平延长线，水平线延长至头脑点	此线延伸至脑后点为空乘发髻的高度
④发际线	左侧前侧点连至右侧前侧点	发际线高者，需注意刘海的划分。

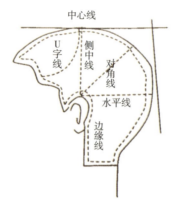

图 2.38　头部线的认识

二、头发护理与保养

保证好头发充足的营养，饮食上多吃含有丰富维生素的食物，比如蔬菜、水果等。还要养成良好的生活作息习惯，少熬夜，保证充足的睡眠。

选用温和不刺激的洗护用品，保持卫生。洗头频率不宜过高，干性发质大概一周洗头 1~2 次，油性发质一周洗头 2~3 次。选择适合的洗发水，护发素等。减少烫染头发频率，适当使用护发发膜，能够有效缓解干枯分叉等一系列头发问题。

三、发型禁忌

不染异色。女乘务员不得留翻翘式、爆炸式等怪异发型；男乘务员不允许留超短发和怪异造型，禁止出现烫染、光头、板寸、鸡冠头等发型。

四、不同脸型适合的乘务员发型

（一）女士

1. 长形脸

女性长脸大多表现在"中庭"偏长或发际线偏高，在盘发时不必提升头顶高度，在处理刘海时可用三七分或二八分的偏分刘海修饰额头，起到缩短脸型的效果，由于乘务员发型的特殊性，刘海高度最好在发际线以下 1cm（图 2.39）。

2. 圆形脸

圆形脸带给人可爱稚嫩的感觉，此脸型的乘务员搭配职场盘发需增强线条硬度，可将所有刘海向后梳理，高耸刘海和提高颅顶的盘发造型是圆形脸的首选（图2.40）。

3. 菱形脸

菱形脸的特点是两颊的颧骨外扩突出，额头和下巴相对较窄，对于乘务员来说，缺少了亲和度。为了在视觉上弱化颧骨，可尝试分界线画大"C"字大侧分的刘海。当然，头顶饱满也是必须做到的（图2.41）。

图 2.39　长形脸标准　　　　图 2.40　圆形脸标准　　　　图 2.41　菱形脸标准

4. 方形脸

方形脸的特点是额头和下颌骨宽，脸部线条非常明显，给人一种四四方方的视觉感。可将刘海划为三七分斜梳，头顶饱满，增强脸型长度和柔度（图2.42）。

5. 椭圆形脸

椭圆形脸是常规中的标准脸型，中分刘海、偏分刘海、向后梳理都很适合，可以尝试不同的乘务员造型（图2.43）。

6. 正三角形脸

正三角形脸特点很明显，额头窄，下颌宽，拥有此脸型的乘务员给人大气稳重的感觉。造型处理上需增强头顶两侧的宽度，中分刘海是不错的选择（图2.44）。

图 2.42　方形脸标准

图 2.43　椭圆形脸标准

图 2.44　正三角形脸标准

（二）男士

1. 长形脸

长形脸的特点是脸部轮廓长，额头偏高。拥有此脸型的男乘务员在发型上不适合剪过短的寸头。中分、三七分、四六分都可以。另外，适当的韩系纹理和盖额头分界线的刘海也可以（图 2.45）。

2. 方形脸

面部呈方形，下颌骨突出，是男性脸型中最阳刚的一种。方形脸男乘务员可以尝试背头上梳，两侧修短，以降低脸型的宽度（图 2.46）。

3. 菱形脸

一般来说，男士菱形脸的比例比女士多，普遍为颧骨突出、窄额头和窄下巴。男乘务员此脸型者需注意发型要尽量柔化脸型，三七分，发型饱满，纹理有层次，两侧可整理少量短刘海盖住额头，但须在眉毛以上。不能将两侧头发剃得太光，这样会显得额头更窄（图 2.47）。

4. 五边形脸型

面部轮廓明显，骨骼突出，形似五边形。男乘务员此脸型需弱化生硬的骨骼线条，增加头顶高度，三七分、侧分、背头是最适合的发型，这样可以缓和过于硬朗的五官，增强面部的柔和度（图 2.48）。

图 2.45　长形脸标准

图 2.46　方形脸标准

图 2.47　菱形脸标准

5. 圆形脸

圆形脸的脸长和颧骨宽度近乎相等，下巴偏短，缺失立体线条和角度。圆形脸男乘务员处理发型时，需要留长头顶的头发，偏分或全部向上梳起，这样可以增加脸部长度。两侧尽量留短，从视觉上看脸部变窄，突显轮廓立体度（图 2.49）。

图 2.48　五边形脸标准

图 2.49　圆形脸标准

任务四 体态规范

1. 知识目标：掌握表情、站姿、坐姿、蹲姿、走姿的规范要领。

2. 能力目标：能够按照体态礼仪，自然展示规范的站姿、坐姿、蹲姿、走姿。

3. 素质目标：培养微笑服务的服务意识，树立工作中展现良好体态的信心，体态修炼，提升气质，塑造良好的职业形象。

马先生的电话投诉

马先生是国内某航空公司的高端商务旅客，某次乘坐航班后进行了电话投诉：从登机开始乘务员表情冷漠，也没有进行打招呼问候，个别乘务员弓腰驼背，无精打采。旅客乘机体验不佳。

反思：仪态是指人的身体姿态，包括表情、站姿、坐姿、走姿、蹲姿等，是对客服务中重要的非语言沟通。案例中的乘务员表情冷漠，弓腰驼背，无精打采，这些消极的表达给顾客的感觉是不愿意为他们服务，更不值得信赖。

乘务员亲切的微笑、优雅的举止、自信的体态能给旅客留下值得信赖、亲切友好的印象。良好的仪态不仅体现出乘务员良好的精神面貌和修养风度，也塑造出民航企业的良好形象。

一、表情礼仪规范

表情是非语言表达中重要的内容，积极的表情能够传递积极的情绪，以示友好尊重，在表情中微笑和目光的运用非常重要。

微笑是对客服务中最有价值的面部表情，它能表达亲切、友善、诚信、谦恭、融洽等美好的感情因素，是跨越国界的通用语言。

（一）微笑礼

在民航服务中把握好四个微笑时机：初次见面时、为他人提供服务时、与对方四目相视时、即将分别时。在这些时候，主动微笑，以传递愿意为客服务的友好意愿。

1. 微笑的三种呈现（表 2.18）

表 2.18　微笑分类表

类别	图示	要领
一度微笑		和颜悦色
		发自内心，真诚亲切
		眉宇舒展，目光柔和
		嘴角微微上翘
二度微笑		甜美自然
		发自内心，真诚亲切
		眼含笑意
		嘴唇微启
三度微笑		热情积极
		发自内心，真诚亲切
		眼含笑意
		开启嘴唇，微露皓齿

2. 微笑服务要求

（1）主动微笑：开口说话前与顾客目光接触的同时，主动微笑，营造友好热情的气氛，如果顾客微笑在先，必须马上以微笑礼回馈顾客。

（2）表情亲切：微笑要自然、大方、得体，面部表情柔和、亲切。

（3）发自内心：微笑要真诚，虚伪的假笑、牵强的冷笑只会让旅客感到别扭和反感。

（4）把握分寸：哈哈大笑或面部表情过于夸张，不仅让旅客感受不到真诚，反而会令旅客莫名其妙。

（5）语言配合：对客服务时，配以相应的礼貌用语和手势动作，这样才显得自然贴切，温暖如春。

（二）目光礼

目光又称眼神，亲切柔和的目光传递着真诚，能够表达对他人的尊重。在客舱服务过程中，民航服务人员面带微笑，以明亮柔和的目光注视对方，充分展示出对旅客的尊重和热情。

1. 注视的角度（表 2.19）

表 2.19　注视的角度

类别	规范动作	适用对象
俯视	身体前倾，目光向下注视对方，面带微笑，以示怜爱幼小和关怀有加的亲和之感。	迎送儿童及为儿童乘客服务时，以俯视的目光关注儿童。
仰视	视线由平视略向上注视对方，乘务员与身份高者、老人交流时，以仰视目光注视对方，眼神柔和有神，认真聆听，以示尊重关怀。	为老人服务时应以仰视的目光交流（在采用蹲姿的情况下）。
平视	头部端正，目光与鼻尖方向一致；调整呼吸，眉宇舒展、上眼角打开；目光注视对方眉、眼部至唇部的区域，以示表达重视对方，乐于服务的诚挚情感。	以亲切友好的平视目光与旅客目光交流，对要客服务时，应以"平视略带仰视"的目光与要客交流。

2. 注视的位置（表 2.20）

表 2.20　注视的位置

类别	图示	区域范围	适用对象
公务凝视		对方双眼与额头之间的"上三角"区域	适用于业务洽谈等正式、庄重的场合与客户沟通。
社交凝视		对方双眼到嘴唇之间的"中三角"区域	适用于各种社交场合与他人交流。
亲密凝视		对方双眼到锁骨之间的"下三角"区域	适用亲人、恋人、家庭成员之间使用。

3. 服务中的目光要求

（1）在面对一位旅客时，应以公务凝视或社交凝视来营造庄重和谐的氛围。

（2）在面对众多旅客时，以"散点柔视"的目光与大家交流。注视时，头部端正，眉宇舒展，面带微笑，以柔和友好的目光与旅客目光——交流，同时点头致意，以示"一视同仁"，礼待旅客。

（3）不要注视他人的头顶、胸部、腹部、臀部、大腿部这几个"禁区"，切记不要眼神游离躲闪，不要斜视他人，或者上下反复打量他人，否则都是失礼的行为。

二、乘务员站姿规范

站姿是人体最基本的姿态，良好的站姿是一种静态的肢体美，是各种动态美的起点和基础。民航服务人员的站姿要求自然、优雅、挺拔，不仅展示个人的良好体态、气质，更体现民航企业的良好形象。

（一）基本站姿规范：垂臂式站姿（图2.50）

（1）头正：头部端正，目视前方，下颌微收，颈部挺直，表情自然放松。

（2）肩沉：两肩要平且下沉，手臂自然下垂放于体侧。

（3）垂臂：双臂自然垂放于身体两侧。

（4）挺躯：挺胸，收腹，立腰，提臀。

（5）并脚：两腿并拢直立，脚跟相靠，脚尖分开30°左右。

图2.50　男、女乘务员垂臂式站姿

（二）女乘务员站姿规范

1.腹前握指式站姿（小V字步）

在垂臂式站姿基础上，双臂放松，右手握左手四指，左手拇指自然捏住右手拇指，手背向前，手指斜向下，双手相握置于腹前。

该站姿是女乘务员常用的站姿，是体现亲切、谦恭、热情好客的迎宾姿态（图2.51）。

2. 礼宾式站姿（丁字步）

在腹前握指式站姿的基础上，将一只脚的脚尖朝正前方，另一只脚后移，内侧脚窝靠正前方向脚的脚跟，两脚尖向之间30°，形成斜写的"丁"字，身体重心在两脚之间。右手握左手四指，左手拇指自然捏住右手拇指，手背向前，手指斜向下，双手相握置于腰部。

该站姿适用于较正式的礼宾活动，体现乘务员自信、大方、优雅的站姿体态（图2.52）。

图 2.51　腹前握指式站姿
（小 V 字步）

图 2.52　礼宾式站姿
（丁字步）

（三）男乘务员站姿

1. 腹前盖掌式站姿

在垂臂式站姿的基础上，右手自然盖在左手背上，双手相叠于腹前。

该站姿常用于迎接宾客，体现亲切、谦恭、热情好客的迎宾姿态（图2.53）。

2. 背手式站姿

在垂臂式站姿的基础上，双腿分开站立，双脚相距不超过肩宽，脚尖略外展。右手握左手，双手相握于体后。

该站姿适用于长时间久站的情况（图2.54）。

　图 2.53　腹前盖掌式站姿　　　　　　图 2.54　背手式站姿

（四）站姿禁忌

（1）忌勾腰驼背，双肩一高一低。

（2）双手抱在胸前或叉在腰间。

（3）忌手插裤袋，抖腿摇晃。

（4）忌依靠他物，无精打采。

三、乘务员坐姿规范

坐姿是人体重要的姿势，不同的坐姿传递出不同的信息。正确的坐姿给人沉稳端庄的印象，而不雅坐姿会显得懒散无礼。乘务员端庄的坐姿，会给人以文雅、稳重、自然大方的美感。

（一）基本坐姿规范

1. 入座

站在座位前，右脚向后撤半步，上身保持正直轻稳地坐下。穿着裙装的女士，入座时手背抚裙，将裙子下摆稍微收拢一下，再坐下；穿着裤装则直接坐下。

2. 落座

上体应自然挺直，一般只坐座椅的前 2/3 或 1/2，久坐时可将臀部后移，用椅背支撑腰部。

3. 起身

右脚向后收半步，然后站起。

（二）女乘务员坐姿

1. 垂直式坐姿

在基本坐姿规范的基础上，两膝并拢，两脚靠紧，小腿垂直于地面，大小腿折叠约 90°，两手相握放于大腿上（图 2.55）。

2. 前后式坐姿

在基本坐姿的基础上，两膝并拢，左（右）脚前伸，右（左）脚后，一脚前一脚后。两手相握放于大腿上（图 2.56）。

图 2.55　女乘务员垂直式坐姿　　　　图 2.56　女乘务员前后式坐姿

3. 斜放式坐姿

在基本坐姿规范的基础上，两膝并拢，将两脚同时放于左侧或右侧。两手相握放于大腿上（图 2.57）。

4. 斜叠式坐姿

在基本坐姿规范的基础上，左（右）腿斜放，右（左）腿叠放于另一腿上，注意两小腿并拢。两手相握放于大腿上（图 2.58）。

图 2.57　女乘务员斜放式坐姿　　　　　图 2.58　女乘务员斜叠式坐姿

（三）男乘务员坐姿

1. 垂直式坐姿

在基本坐姿规范的基础上，两腿分开不超过肩宽，小腿垂直于地面，大小腿折叠约 90°，两手分别放于大腿上（图 2.59）。

2. 前后式坐姿

在基本坐姿规范的基础上，两腿分开不超过肩宽，左（右）脚前伸，右（左）脚后移，一脚前一脚后。两手分别放于大腿上（图 2.60）。

图 2.59　男乘务员垂直式坐姿　　　　　图 2.60　男乘务员前后式坐姿

3. 叠放式坐姿

在基本坐姿规范的基础上，左（右）腿垂直于地面，右（左）腿叠放于上面。两手相叠放于大腿上（图2.61）。

（四）坐姿禁忌

（1）忌在座椅上前俯后仰，东倒西歪，过于放松，塌腰瘫坐。

（2）忌架4字腿，忌抖动腿脚。

（3）不可大腿并拢，小腿分开，或双手放在臀下。

（4）不可把脚搭在座椅扶手上或架在茶几上。

（5）不要双膝分开，伸得老远。

图2.61　男乘务员叠放式坐姿

四、乘务员走姿规范

走姿是站姿的延续动作，能够展现出一个人的气质风度和精神状态。步伐矫健，使人感到精神抖擞；步履轻盈，体态端庄，可以给人以文雅庄重之感。挺拔的走姿能够反映乘务员自信大方、积极向上的精神气质。

（一）基本走姿规范

（1）在保持标准垂臂式站姿的基础上，重心略微前倾。

（2）两臂前后自然摆动。摆动时以肩关节为轴，上臂带动前臂，手臂向前、向后自然摆动，摆幅以30°~35°为宜，肘关节随着摆动自然弯曲。

（3）脚落地时，女士两脚内侧在一条直线上，男士两脚在两条平行线上。

（4）步频、步幅要适中。一般男士的步频为每分钟108~110步，女士步频为每分钟118~120步，男士步幅为40厘米左右，女士步幅为30厘米左右，不宜太大（图2.62）。

（二）乘务员走姿要求

（1）在规范走姿的基础上，体态挺拔，身体重心略向前倾，平稳、直线。

（2）在携物行走时，女乘务员要求左肩挎包，左手扶握于包带下端，右手拉箱，男乘务员左手提包，右手拉箱（图2.63）。

图 2.62 规范走姿

图 2.63 男、女乘务员走姿（拉行李箱）

（3）通过候机楼时，乘务员要纵队行进，步伐整齐，有节奏感和韵律感。

（三）走姿禁忌

（1）行走时摆臂幅度不宜过大，不要扭腰摆臀，或歪肩晃膀，弯腰驼背，左顾右盼。

（2）忌走成内八字或外八字，双腿不要过于弯曲，不要上下颤动或脚蹭地面。停步、拐弯、上下楼梯时应从容不迫，控制自如。

（3）避免脚步太重，脚步拖拉，低头或耷拉眼皮走路。

五、乘务员蹲姿规范

蹲姿也是乘务员在工作中常用的体态。在服务过程中，大方得体的蹲姿，不仅展现了乘务员服务的规范，也体现对旅客的尊重。

（一）女乘务员高低式蹲姿

保持站立姿态，一脚后移呈前后步，上体保持正直，膝盖放松，臀部朝下，竖直蹲下。下蹲时顺势手背抚裙，大腿的内侧靠拢，两膝一高一低，呈高低式蹲姿。若穿裙子，可双手相握盖于裙口，以防走光（图2.64）。

（二）男乘务员高低式蹲姿

保持站立姿态，一脚后移呈前后步，上体保持正直，膝盖放松，臀部朝下，竖直蹲下。双膝略开，两膝一高一低（图2.65）。

图 2.64　女乘务员高低式蹲姿　　　　图 2.65　男乘务员高低式蹲姿

（三）蹲姿禁忌

（1）忌蹲下时臀部翘起，极不雅观。

（2）忌突然蹲下。

（3）忌距人过近。

（4）忌正对客人蹲下，方位失当。

一、项目训练

1.小组为单位，学习微笑操，进行微笑与目光的表情训练，并拍摄视频提交。

> 情况：请在相应的完成情况后打上"√"。
>
> 顺利完成□　　　基本完成□　　　部分完成□　　　不能完成□
>
> 任务小结：

2.站姿练习。

（1）五点靠墙法：并脚背墙站立，头部、双肩、臀部、小腿、脚跟靠墙，贴墙直立练习训练整个身体的控制能力，体会正确站立时身体各部位的感觉，每天可以练习10~20分钟。

（2）顶书练习法：正确站姿基础上，把书放在头顶上，体会挺直脖子，收紧下巴，沉肩立腰，加强身体的控制能力。练习中注意形成三种对抗力量。每天可以练习10~20分钟。

> 情况：请在相应的完成情况后打上"√"。
>
> 顺利完成□　　　基本完成□　　　部分完成□　　　不能完成□
>
> 任务小结：

3.坐姿训练。

小组为单位，进行几种坐姿的训练。

情况：请在相应的完成情况后打上"√"。

顺利完成□ 　　　基本完成□ 　　　部分完成□ 　　　不能完成□

任务小结：

4. 走姿训练。

用顶书训练法，进行规范走姿训练。

情况：请在相应的完成情况后打上"√"。

顺利完成□ 　　　基本完成□ 　　　部分完成□ 　　　不能完成□

任务小结：

5. 蹲姿训练。

小组为单位，进行蹲姿训练。

情况：请在相应的完成情况后打上"√"。

顺利完成□ 　　　基本完成□ 　　　部分完成□ 　　　不能完成□

任务小结：

二、礼仪操编排与展示

小组为单位，根据本模块所学的内容，合作编排礼仪操（设计队形、配以音乐），进行规范着装、妆容、发型、体态的职业形象现场展示。

>>> >>> 模块三

民航服务人员
日常交往礼仪

　　日常交往礼仪是人们进入交际状态实施的第一个礼仪，是情感交流的开始，关系到良好的第一印象，是交际活动成功的起点。作为民航服务人员，无论是客舱中的服务，还是地面上的服务，在对客交往的过程中都应让旅客感受到民航服务人员的热情与职业素养。为了更好地塑造民航服务人员的良好形象，要切实规范服务，做到标准化、规范化，在为广大旅客提供优质服务的同时体现自身服务的价值。

　　本模块从日常交往礼仪中的称呼礼、介绍礼、鞠躬礼、握手礼、手势礼五个任务来进行学习。提高人际交往的能力，养成良好行为习惯，待人有礼。

思 维 导 图

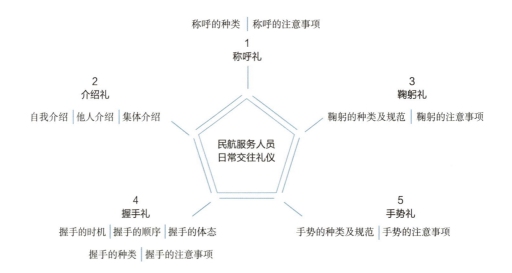

模块导入

统称为"空乘"！大韩航空取消"空姐""空少"称呼

2022 年 10 月 27 日消息：据韩媒报道，大韩航空将不再分"空姐""空少"，而统称为"空乘"。男女乘务员统一佩戴"空中乘务员"铭牌。

大韩航空 26 日表示，统一了客舱乘务员的英文名称，过去按性别分别称为"stewardesses"和"stewardess"，新名称将统一合并为"flight attendant"，从 11 月 1 日起生效。

大韩航空客舱乘务员人数达 6500 多人，其中 600 多人是男性，占 10%。

资料来源：民航资源网

思考：

1. 如果你是一名"空中乘务员"，你更希望旅客如何称呼你？

2. 在工作中，你不希望别人如何称呼你？为什么？

任务一　称呼礼

1. 知识目标：掌握民航人员日常交往中的正确称呼。

2. 技能目标：能在日常交往中灵活地使用称呼礼。

3. 素质目标：提高待人接物、社会交往的礼仪素养，培养自身职场适应能力。

称呼是指人们在日常交往应酬中，所采用的彼此之间的称谓语，是人际交往的第一步，恰当的称呼能在初次见面时留给对方好的印象，在民航服务过程中，正确称呼能更好地搭建良好的关系，使双方的交往有一个好的开始。

一、称呼的种类

（一）职务性称呼

在交往过程中，以交往对象的职务相称，以示身份有别、敬意有加，这是一种最常见的称呼方式，如表 3.1 所示：

表 3.1　职务性称呼

具体方法	例子
仅称职务	"机长" "乘务长" "经理" "主任"
在职务之前加上姓氏	"张经理" "李主任" "王机长"
在职务之前加上姓名 （适用于最正式场合）	"下面有请张强总经理上台为大家讲话……"

（二）职称性称呼

对有职称的人，可以直接称其职称或在职称前冠以姓氏，如"张教授""王工程师"等，也可以在职称前加上对方的全名，如"张涛教授""王华工程师"等。

（三）姓名性称呼

一般同事或者朋友之间，关系较为亲密的人之间，可以直呼其名，如"张华""李涛"等。但要注意长辈对晚辈可以这样做，平辈可以这样做，晚辈对长辈不能这样做。一般来讲，称呼越简单，关系越密切。对年长者应使用尊称"老王""老赵"，对年轻人或晚辈可称呼"小王""小赵"。

（四）泛称呼

在民航工作中，会遇到形形色色的旅客，当我们不清楚对方的职称、职业或者年龄时，我们可以采用泛称呼。

对于男性旅客，大部分会使用"先生"；对于女性旅客，年轻的可以称为"小姐"，年长可以称为"太太""夫人"，对于成年且不知婚否的，较多使用"女士"。

对于知道姓氏的重要旅客，可以在泛称呼前加上姓氏，增加亲切感，减少距离感。

二、称呼的注意事项

（1）不误读别人的姓名。

（2）不误会别人的身份而称呼对方。

（3）不使用过时的称呼，如"老爷""大人"。

（4）不使用庸俗低级的称呼。

（5）不用绰号称呼。

一、项目训练

以小组为单位，完成"称呼规范要求"思维导图。

情况：请在相应的完成情况后打上"√"。

顺利完成☐　　　基本完成☐　　　部分完成☐　　　不能完成☐

任务小结：

二、模拟演练

以小组为单位，编排关于"称呼礼"的情景剧，并完成拍摄上传学习平台。

三、案例思考

新乘务员的苦恼

黄莹刚刚进入航空公司成为乘务员，领导带她熟悉周围环境，并把她介绍给部门的老同事认识。她非常恭敬地称对方为老师，大多数同事都欣然接受了。当领导把她带到乘务长李佳面前时告诉黄莹"以后就跟着李佳学习，有什么不懂的就请教她，她就是你的师傅了"，黄莹更加恭敬地称她为老师。李佳连忙摇头说："大家都是同事，别那么客气，直接叫我名字就行了。"黄莹仔细想想，觉得叫老师显得太生疏了，但是直接叫名字又觉得不尊敬，不知道该怎么称呼对方比较合适。

请问：

1. 假如你是黄莹，你该如何称呼李佳？为什么？

2. 在乘务组中，一人扮演黄莹，一人扮演领导，两人扮演部门同事，一人扮演李佳，结合情景进行模拟。

知识拓展

常旅客"王老师"

某航空公司头等舱有这样一位旅客，经常乘坐该航空公司的航班，作为常旅客，会要求乘务员称呼自己为"王老师"，不喜欢被称为"王先生"或者其他的称呼。

请问：

作为乘务员，你会如何称呼他呢？为什么？

任务二　介绍礼

学习目标

1. 知识目标：掌握自我介绍、介绍他人、介绍集体的基本要求。

2. 技能目标：能在日常交往中灵活、准确地运用介绍礼仪。

3. 素质目标：能增强规范行为、讲究礼仪的意识，养成处处讲文明的行为习惯。

相关知识

介绍是人际交往中与他人进行沟通、增进了解、建立联系的一种最基本的方式，是人与人进行相互沟通的出发点。介绍礼仪主要包括三个方面，一是自我介绍，二是他人介绍，三是集体介绍。在民航服务过程中，正确地应用介绍礼进行必要的展示、宣传，能大大提升公司形象，拉近与他人的关系。

一、自我介绍

自我介绍，即自己担任介绍的主角，将自己介绍给其他人。自我介绍要根据不同场合，不同对象和时机需要，有针对性地进行自我介绍。

（一）自我介绍的方式（表3.2）

表3.2　自我介绍四类别

类别	内容	应用	举例
应酬式	最为简洁，只需要介绍姓名和工作单位即可。	公共场合和一般社交场合。	"你好，我叫…"；"你好，我来自…公司"
工作式	主要包括本人姓名，供职的单位及部门，担任的职务或从事的具体工作三项。	以工作为中心。	"你好，我是张兰，来自××航空公司，担任客舱部经理……"
社交式	主要包括姓名、工作、籍贯、学历、兴趣爱好及与交往对象的某些熟人的关系等。	社交活动中，为了达到与交往对象进一步交流与沟通的目的。	"你好，我是黄华，我热爱舞蹈，很高兴认识您，希望能向您多请教…"

续表

类别	内容	应用	举例
问答式	应做到有问必答。	应试、应聘和公务交往。	主考官："请介绍一下你的基本情况。" 应聘者："各位考官好！我叫 xx，现年 26 岁，重庆市人，汉族……"

（二）自我介绍的注意事项

1. 详略得当

总的原则是简明扼要，一般以半分钟为宜。

2. 态度诚恳

应把握好态度，实事求是，真实可信，同时善于用眼神表达，语言清晰自然。

3. 借助外力

除了语言之外，还可借助介绍信、工作证或名片等证明自己的身份，作为辅助介绍。

4. 注意时机

最好选择在对方有兴趣、有空闲、情绪好、干扰少、有要求之时。

二、他人介绍

他人介绍是介绍不相识的人或是把一个人引荐给其他人相识沟通的过程。

（一）他人介绍的顺序

遵循"尊者有优先知情权"的原则：

（1）将男士介绍给女士。

（2）将职务低者介绍给职务高者。

（3）将晚辈介绍给长辈。

（4）将主人介绍给客人。

（5）将未婚者介绍给已婚者。

（二）他人介绍的注意事项

（1）应避免厚此薄彼，如把一方介绍得面面俱到，而另一方介绍只寥寥数语。

（2）介绍人在介绍时可以借以手势，先指向一方，再指向另一方依次做介绍。

（3）完成介绍后，不要随即离开，应给双方交谈提示话题，创设交谈环境。

三、集体介绍

集体介绍是指介绍的一方或者双方不止一个人。在需要做集体介绍时，原则上应参照他人介绍的顺序进行。在正式活动和隆重的场合中，介绍顺序是一个礼节性极强的问题，应根据具体情况慎重对待（表3.3）。

表 3.3　集体介绍四类别

类别	具体情况
将少数人员一方介绍给多数人员一方	当被介绍双方地位、身份大致相似时，应先介绍一人或少数人，再介绍人数多的一方。
将大家介绍给一人	当被介绍双方地位、身份存在明显差异时，身份明显高者为一人或少数人时，应先介绍人数多的一方，再介绍地位、身份高的一方。
人数较多的双方介绍	当介绍双方均为多数人时，应先介绍位卑的一方，后介绍位尊的一方；或先介绍主方，再介绍客方。介绍各方人员时，应由尊到卑，依次而行。
人数较多的多方介绍	当被介绍者多方时，应根据合乎礼仪的顺序，确定各方的尊卑，由尊而卑，按顺序介绍各方。

 任务实施

一、项目训练

1.练习平飞后乘务长向旅客介绍本组成员。

情况：请在相应的完成情况后打上"√"。

顺利完成□　　　基本完成□　　　部分完成□　　　不能完成□

任务小结：

2. 准备一段 1 分钟的中文自我介绍（面试用）。

情况：请在相应的完成情况后打上"√"。

顺利完成□　　　基本完成□　　　部分完成□　　　不能完成□

任务小结：

二、模拟演练

以小组为单位，编排关于"介绍礼"的情景剧，完成拍摄并上传学习平台。

记住名字的小窍门

1. 重复一遍姓名。重复一遍对方的姓名来确认自己是否记住和发音正确，如果对方的姓名比较难记可多重复几遍。多多使用姓名。与对方交谈时，尽量多地使用对方的姓名，这样你就会记住。

2. 姓名与人对应上。将你记忆的姓名与对方的相貌相互对应，在心里重复并且记忆多次。

3. 使用与其姓名相联系的词语。如果对方姓名和你所知道的一些词语或者与你的朋友的姓名有相似之处，就赶快记住这个相似点。

4. 把姓名写下来。把姓名写在工作笔记上，多翻几次，久而久之这些名字就会自然而然印入你的脑海。

5. 把面孔当成线索来回忆姓名。记住面孔往往比记住姓名容易。因为记忆面孔只需要辨认以前是否见过即可，因此，记姓名时还须记对方的面孔特征，以及面孔特征和姓名之间的关系。然后把姓名和面孔进行比较，有助于把姓名和面孔联系在一起。

任务三　鞠躬礼

🍵 学习目标

1. 知识目标：掌握日常交往中正确的鞠躬礼。
2. 技能目标：能在日常交往中规范地使用鞠躬礼。
3. 素质目标：能理解尊重他人，拥有谦虚真诚的态度与他人相处。

💼 相关知识

鞠躬即上身向前弯曲，是用于向人致意，表示尊敬、谢意，致歉等方面的常用礼节。鞠躬礼在客舱服务中较为常用，在客舱迎接旅客时，乘务员使用鞠躬礼来表达对旅客的欢迎；在送客阶段，乘务员使用鞠躬礼来向旅客表示感谢；在客舱服务有失误或者无法满足旅客需求的时候，使用鞠躬礼向旅客表示歉意、请求原谅等。

一、鞠躬的种类及规范

鞠躬主要表达"弯身行礼，以示恭敬"的意思。行鞠躬礼时，鞠躬度数、时长，往往与行礼者对受礼者表达的情感程度有关（图 3.1）。

在日常交往中，常用的鞠躬礼有以下几种：

（1）15 度鞠躬礼：身体在标准站姿的基础上，上身向前倾 15 度，不低头，目光平视对方，面带微笑，点头致意，在问候、介绍、握手、递物、让路等时都应伴随 15 度鞠躬礼（图 3.2）。

在客舱迎送旅客时，一般采用 15 度鞠躬礼。旅客乘机到达机舱门口或旅客下机前到达前舱时使用，乘务员的目光看向旅客并目光交流。鞠躬礼是表达礼貌的一种姿态，加以微笑和眼神问候，形成完整

图 3.1　鞠躬礼展示

的迎送礼。

（2）30度鞠躬礼：身体在标准站姿的基础上，上身向前倾30度，头随身体，目光落在自己脚尖前方1.5米左右的距离，表情自然，表示欢迎、祝福对方（图3.3）。

（3）45度鞠躬礼：身体在标准站姿的基础上，上身向前倾45度，头随身体，目光落在自己脚尖前方1米左右的距离，表情自然，表示感谢、歉意（图3.4）。

（4）60~90度鞠躬礼：表示深度谢意或歉意。通常表示非常感谢或者十分抱歉（图3.5）。

图3.2 15度鞠躬礼

图3.3 30度鞠躬礼

图3.4 45度鞠躬礼

图3.5 60~90度鞠躬礼

在行"三鞠躬礼"（又称最敬礼）时，要行 90 度鞠躬礼反复三次，主要用于传统婚礼、悼念活动等。

（5）大于 90 度鞠躬礼：常用于舞台表演结束后，演员对观众表达感谢时使用，并且时长会略微长一些（图 3.6）。

图 3.6　舞台表演鞠躬礼

二、鞠躬的注意事项

（1）忌只弯头的鞠躬。

（2）忌头部左右晃动的鞠躬。

（3）忌双腿没有并齐的鞠躬。

（4）忌驼背式的鞠躬。

（5）忌速度过快的鞠躬。

（6）忌边鞠躬边抬头看受礼者或者视线飘忽不定。

 任务实施

一、训练项目

1. 个人练习不同度数的鞠躬动作，进行拍照对比。

情况：请在相应的完成情况后打上"√"。

顺利完成□ 基本完成□ 部分完成□ 不能完成□

任务小结：

2. 以小组为单位，结合专业完成鞠躬礼动作、用语、表情相结合的练习。

情况：请在相应的完成情况后打上"√"。

顺利完成□ 基本完成□ 部分完成□ 不能完成□

任务小结：

二、模拟演练

以小组为单位，编排关于"鞠躬礼"的情景剧，并完成拍摄上传学习平台。

三、案例思考

河南航空高管两次鞠躬含泪致歉

2010年8月26日下午4时，伊春824坠机事故工作组在黑龙江省伊春市召开了首次新闻通气会。河南航空公司监事会主席刘航在通气会上鞠躬两次致歉，并向遇难者表示沉痛哀悼。

刘航说："对发生'8·24'坠机事故深表痛心，向'8·24'事故中遇难者表示沉痛哀悼，向受伤旅客表示深深歉意，向遇难者和受伤旅客家属表示诚挚慰问，对全社会表示道歉。"（图3.7）

资料来源：广州日报

图 3.7　鞠躬致歉

请问：

1. 在本次空难新闻通气会中，你认为刘航的鞠躬代表着什么？

2. 致歉的鞠躬应注意哪些细节？

致意礼仪

致意是一种不出声音的问候礼节，常用于相识的人在社交场合打招呼。它是已经相识的友人之间在相距较远或不宜多谈的场合用无声的动作语言相互表示友好和尊重的一种问候礼节。

一般来说，致意时要求与对方的距离不能太远，以2~5 米为宜，也不能在对方的侧面和背面。在社交场合中，人们往往采用招手致意、欠身致意、脱帽致意、点头致意等形式来表达友善之意。

举手致意，应全身直立，面向对方，举起右手，掌心朝向对方，面带笑容。致意时应手臂自下而上向侧上方伸出，手臂即可略有弯曲，亦可全部伸直（图 3.8）。

图 3.8　举手致意

任务四 握手礼

1. 知识目标：掌握日常交往中握手礼仪的基本要求。

2. 技能目标：能在日常交往中规范、准确地运用握手礼。

3. 素质目标：能在日常生活中规范使用见面礼仪，促进自身综合能力的提升，增强社会适应能力。

相关知识

握手是日常最常见、最通用的礼节。它看似简单而平常，但握手的方式、时间的长短、用力的大小、面部的表情等往往传达出你对对方态度的不同，稍不注意，就会给个人或集体带来负面影响。握手之前要审时度势，选择恰当时机行握手礼。何时握手也是一个微妙的问题，它涉及双方的关系、现场的气氛，以及当事人的心理因素等。

一、握手时机（表 3.4）

表 3.4　握手时机

情景	表达的意思或情感
社交场合彼此会面与道别的握手	表示对对方的欢迎和惜别
遇到久别重逢的熟人的握手	表示因久别重逢而欣喜万分
向他人道贺、恭喜的握手	表示恭贺
向他人表示感谢、理解、支持的握手	表示自己的诚意
在赠送或接受礼品、颁发或接受奖品时的握手	表示郑重或感谢
向他人表示安慰的握手	表示慰问

二、握手顺序

握手的顺序应根据双方的社会地位、年龄、性别及宾主身份来确定，一般遵循"尊者决定"的原则，具体体现：

（1）上下级之间，上级先伸手。

（2）长辈与晚辈之间，长辈先伸手。

（3）女士与男士之间，女士先伸手。

（4）主人与客人见面时，主人先伸手（表示欢迎），客人与主人道别时，客人先伸手（表示答谢）。

注意：在公务场合握手的顺序主要取决于双方的身份、地位，而在社交休闲场合则主要取决于双方的年龄和性别。例如：一位年长的、职位低的女士与一位年轻的、职位高的男士的握手，在公务场合中，应该是这位男士先伸手，而在社交休闲场合，则应该是这位女士先伸手。

三、握手体态

（一）表情

握手时，要面带微笑，目视对方的脸，表示你的诚恳、热情和自信，同时要有相应的问候语，如"你好""见到你很高兴""祝贺你"等。

图 3.9　握手的常用姿势

（二）距离

行握手礼时，两人相距一米左右。

（三）姿势

双脚立正，上身向前微倾，伸出右手，四指并拢，拇指张开，掌心向内，手掌与地面垂直，肘关节微曲，手的高度约至腰部。相握时，双方虎口相触，放下拇指，手掌相握，适当用力，上下轻摇几次。这是标准的握手姿势（图 3.9）。

（四）力度

握手的力度要适中，稍许用力。握得太紧或太猛，给人过分热情或故意示威之嫌，握得柔软无力或伸而不握，给人缺乏热忱或敷衍之感。

（五）时间

握手的时间因人、因地、因情而异，可根据双方的关系、亲密程度灵活掌握，一般在 3 秒钟左右。

四、握手种类

在日常交往中，与他人握手的方式会因人、因地、因情而异。故会采用不同的握手方式，常用的有以下三种：

（一）平等式握手

也称为标准式握手，一般用于工作场合或社交场合，即与人相握时，右手手掌垂直于地面，并全虎口相触。在商务场合中，无论是男士还是女士建议握全掌，表示平等对待（图 3.10），语言使用如："王经理（女），很荣幸能和您合作，祝我们合作愉快。"在社交场合，与女士握手建议握半掌，表示尊重礼待（图 3.11），语言使用如："王女士，很荣幸能认识您。"

（二）手套式握手

适用于新朋故旧之间表示深厚情谊时，采用的双手相握，即右手握住对方右手后，再以左手握住对方的手背的方式。语言使用如："王大哥，太久没见到你了，十分想念。"不适用于初识者或正规的商务场合（图 3.12）。

（三）鼓励式握手

一般用于长辈或领导对晚辈或下属进行鼓励、认可时采用的握手方式，主要是在平等式握手的基础上，左手轻拍对方的手臂或肩膀。在使用时一般会加上语言，如"小张，工作做得很不错，继续加油……"（图 3.13）。

图 3.10 平等式握手示范（全掌）

图 3.11 平等式握手示范（半掌）

图 3.12 手套式握手示范

图 3.13 鼓励式握手示范

五、握手的注意事项

（1）忌东张西望。

（2）忌左手相握。

（3）忌用不洁之手与人相握。

（4）忌戴手套、墨镜、帽子与人握手。

（5）忌与他人握手之后，立即擦拭自己的手掌。

（6）忌拒绝与他人握手。

（7）忌异性间久握不放。

任务实施

一、训练项目

练习握手的标准动作。

情况：请在相应的完成情况后打上"√"。

顺利完成☐　　　基本完成☐　　　部分完成☐　　　不能完成☐

任务小结：

二、模拟训练

以小组为单位，编排关于"握手礼"的情景剧，并完成拍摄上传学习平台。

握手的来源

一种说法：握手最早发生在人类"刀耕火种"的年代。那时，在狩猎和战争时，人们手上经常拿着石块或棍棒等武器。遇见陌生人时，如果大家都无恶意，就要放下手中的东西，并摊开手掌，让对方抚摸掌心，表示手中没有藏武器。这种习惯逐渐演变成今天的握手礼。

另外一种说法是中世纪战争期间，骑士们身穿盔甲，除两只眼睛外，全身都包裹在铁甲里，随时准备冲向敌人。如果表示友好，互相走近时就脱去右手的甲胄，伸出右手，表示没有武器，互相握手言好。后来，这种友好的表示方式流传到民间，就成了握手礼。当今行握手礼也都是不戴手套，朋友或互不相识的人初识、再见时，先脱去手套，才能施握手礼，以示尊重对方。

任务五　手势礼

1. 知识目标：掌握日常交往中正确的手势使用。
2. 技能目标：在日常交往中规范、准确地使用手势礼。
3. 素质目标：能养成良好的行为习惯，并将礼仪规范运用到生活中。

手势礼也可以称为"手势语"，是体态语当中非常有表现力的一种语言。不同的手势，表达不同的含义。作为民航服务人员，手是第二张名片，切不可给旅客留下一种"指手画脚"的印象。在对客服务过程中，准确的手势运用要求是自然优雅、规范适度、清晰明了。

一、手势的种类及规范

（一）指引式手势

指引手势在民航服务礼仪中经常运用，手势运用讲究自然、到位、得体、大方，有助于增强表情达意的效果，给人肯定、明确的印象，以充分展现民航服务人员标准姿态及规范的礼貌礼仪。通过学习及训练可以达到熟练使用的效果。

1. 中位手势

在标准站姿的基础上，手臂抬起，小臂平行于地面，大臂与身体呈 30 度夹角，小臂与大臂呈 130 度夹角，五指自然并拢，掌心 45 度斜对旅客，指向目标位置，目视所指方向，面带微笑，上体稍向前倾，并用以语言："先生，您的座位在这边，请往这边走……"若指引距离较远，可将大臂与小臂呈一条直线进行指引工作"先生，厕所在客舱后部"。该手势适用于常规工作中的大部分指引环节（图 3.14）。

2. 高位手势

在中位手势的基础上，用于指示斜上方位置，手臂抬起，小臂过肩高，手掌五指自然并拢过头，眼随手动，并配合指示语言："女士，这里是阅读灯""先生，您的行李架在你的头顶上方……"（图3.15）。

3. 低位手势

在中位手势的基础上，用于指示斜下方位置，手从身体的一侧抬起，到腰部，使大小臂基本成一条斜线，并配合指示语言："先生，您的座位在这里，请入座……""请把行李放在座椅下止滑杆内"（图3.16）。

图 3.14　中位手势示范　　　图 3.15　高位手势示范　　　图 3.16　低位手势示范

（二）递接式手势（图3.17）

递接式手势应当双手递物，双手接物，表现出恭敬与尊重的态度。递给他人的物品，应直接交到对方手中为好，若双方相距过远，递物者应主动走近接物者，假如自己坐着的话，还应在递物时起身站立。

在递物时，应为对方留出便于接取物品的地方，将带有文字的物品递交他人时，还须使其正面朝向对方；将带尖、带刃或其他易于伤人的物品递于他人时，切勿以尖、刃直指对方，应使尖、刃朝向自己，或是朝向他处，并配合语言："先生，请收好您的登机牌……""女士，请您在这里签字……"。

图 3.17　递接式手势示范

二、手势的注意事项

（1）忌用食指对他人指指点点。

（2）与旅客交流，忌手势太多，动作太大。

（3）避免使用不雅手势，如：掏鼻孔、剔牙等。

（4）注意手势的区域性、国家性差异。

任务实施

一、训练项目

1. 个人练习手势的基本规范动作。

> 情况：请在相应的完成情况后打上"√"。
>
> 顺利完成□　　　基本完成□　　　部分完成□　　　不能完成□
>
> 任务小结：

2. 以小组为单位，训练"中位手势、高位手势、低位手势"并结合语言使用。

情况：请在相应的完成情况后打上"√"。

顺利完成□　　　基本完成□　　　部分完成□　　　不能完成□

任务小结：

二、模拟演练

以小组为单位，编排关于"手势礼"的情景剧，并完成拍摄上传学习平台。

常见手势语

1. "OK"的手势

拇指和食指合成一个圆圈，其余三指自然伸张。这种手势在西方某些国家比较常见，但应注意在不同国家其语义有所不同，如：在美国表示"赞扬""允许""了不起""顺利""好"；在法国表示"零"或"无"；在印度表示"正确"；在中国表示"零"或"三"两个数字；在日本、缅甸、韩国则表示"金钱"；在巴西则表示"引诱女人"或"侮辱男人"之意；在地中海的一些国家则表示"孔"或"洞"的意思，常用此来暗示、影射同性恋。

2. 伸大拇指手势

大拇指向上，在说英语的国家多表示"OK"之意或是打车之意；若用力挺直，则含有骂人之意；若大拇指向下，则表示坏人、下等人之意。在我国，伸出大拇指这一动作基本上是向上伸表示赞同、一流、好等意思，向下伸表示蔑视、不好等意思。

3. "V"字形手势

伸出食指或中指，掌心向外，其语义主要表示胜利（英文 Victory 的第一个字母），掌心向内，在西欧表示侮辱、下贱之意。这种手势还时常表示"二"这个数字。

4. 伸出食指手势

在我国及亚洲一些国家表示"一""一个""一次"等，在法国、缅甸等国家则表示"请求""拜托"之意。在使用这一手势时，一定要注意不要用手指指人，更不能在面对面时用手指着对方的面部和鼻子，这是一种不礼貌的动作，且容易激怒对方。

5. 捻指作响手势

用手的拇指和食指弹出声响，其语义或表示高兴，或表示赞同，或是无聊之举，有轻浮之感。应尽量少用或不用这一手势，因为其声响有时会令他人反感或觉得没有教养，尤其是不能对异性运用此手势，这是带有挑衅、轻浮之举。

>>> >>> 模块四

民航服务人员
地面服务礼仪

模块介绍

　　地面服务是指为旅客提供从旅客进入候机楼办理乘机手续到进入机舱这一过程中的服务。地面服务保障的好坏直接关系到航班飞行是否顺利，旅客是否能安全愉快地进入客舱。地面服务人员作为直接服务旅客的工作人员，其礼仪修养、职业形象、服务态度和服务技能给旅客留下的第一印象，代表着个人、公司甚至行业的整体形象和水平。因此，地面服务人员需要具备良好的礼仪修养、服务意识、服务技巧和专业水准。

　　本模块通过问询服务礼仪、值机服务礼仪、要客服务礼仪三个任务的学习和训练，掌握地面服务人员的行为礼仪规范、服务语言规范和基本技能操作。

思维导图

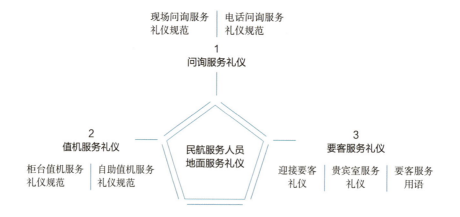

模块导入

　　请观看视频《北京大兴机场最新宣传片》。

　　地面服务是民航服务中重要的组成部分,是民航服务乃至国家对外服务的窗口。地面服务人员掌握问询服务礼仪规范、值机服务礼仪规范、要客服务礼仪规范、服务语言礼仪规范,有助于更好地服务旅客,体现民航服务人员的良好服务意识和服务水平。

任务一　问询服务礼仪

1. 知识目标：掌握候机楼现场问询、电话问询的服务礼仪规范。

2. 能力目标：能够应用候机楼问询服务礼仪规范，模拟候机楼现场问询服务和电话问询服务。

3. 素质目标：树立礼貌待客的服务意识，培养爱岗敬业的职业道德和乐于助人的良好品质。

候机楼问询服务是地面服务的重要内容，为旅客提供航班信息、机场交通、行李托运以及候机楼内的设施使用等一系列问询服务。问询服务能直接解答旅客的各种问题。这就要求工作人员需要掌握较广泛的业务知识，包括各岗位工作程序、机场设施使用、机场功能区等。

问询服务主要分为现场问询和电话问询两种形式。问询服务柜台通常设在乘客比较容易看到的地方，为方便旅客，在机场隔离区外和隔离区内均有问询柜台（图4.1）。

图 4.1　机场问询处

一、现场问询服务礼仪规范

现场问询是在问询柜台当面为旅客提供问询服务。专业的职业形象准备是民航服务人员上岗的基本要求（具体要求参考"职业形象塑造"）。

（一）主动问候

工作人员目视柜台前方，关注前来问询的旅客并点头微笑示意。见到旅客走过来时服务人员主动站立，站姿规范，面带微笑，先开口主动问候："您好，请问有什么需要帮助的吗？"

（二）认真倾听

与旅客保持目光交流，眼神亲切友好，身体微向前倾，不打断旅客的问话，认真倾听。

（三）解答询问

（1）旅客询问登机口位置，回答要方位准确，并配合方位指引手势（见"手势礼"）："您的登机口在 A11，请往这边走 50 米就到了。"

（2）乘客询问航班延误原因，要尽可能提供最新信息："您的航班因为 ×× 原因机场关闭，预计推迟 4 个小时起飞，请您找地方先休息，等候广播通知。"

（3）如遇旅客询问的问题，你不了解情况，尽量协助旅客解决问题，应礼貌告知："请稍等，马上为您查询。"或者："对不起，这个问题我无法给您准确的答复，请您前往 ×× 柜台，那里的工作人员可以帮到您。"

（四）礼貌道别

解答完问题后，主动询问"请问还有什么需要吗？"旅客表示感谢，可回答"不客气，您慢走！"

（五）回答技巧

（1）记住旅客姓名。适当地用姓氏称呼客人，如"王先生、赵女士"，便于问题的解决。

（2）语言表达恰当。与旅客沟通交谈时，工作人员的语调、声音、语气、音量、讲话的方式及内容可以让旅客感受到是否受到尊重。

（3）面部表情到位。回答旅客问询时，身体朝向客人，与旅客有目光接触，可以微笑，呈现关切真诚的表情，及时给予回应，以表达出愿意为之服务的态度。

（4）遇到无法回答的问题，切忌回答"不知道""不清楚""这不是我的职责"等拒绝的话语，不能未经过任何努力断然回绝旅客提出的问题，应尽可能协助旅客解决问题。

（5）如果旅客的提问属于不应作答的范围，应有礼貌地回绝，不泄露不应该提供的信息，可以回答："对不起客人，这个问题无法答复您，请您理解！"

二、电话问询服务礼仪规范

电话问询是通过电话方式向打来电话的旅客提供各类问询服务，通常电话问询还分为人工问询和自动语音应答问询。人工电话问询主要解决旅客提出一些比较复杂或非常罕见的问题，自动语音应答则由旅客根据自动语音提示进行操作，能较好地解决旅客所关心的常见问题，既节省人力又提高服务效率。

接听电话时，注意姿态端正，表述规范，语气温和，语速适中（图4.2）。

图 4.2　接听电话

（一）迅速接听，左接右记

电话铃声响起三声内，工作人员迅速接听。通常左手拿电话，右手拿笔记录或查询资料。

（二）主动问候，自报家门

主动问候并报上单位名称："您好！ ×× 机场问询处，请问有什么可以帮到您？"

如果响铃超过三声接听，应马上解释说："抱歉，让您久等了。"

（三）认真倾听，准确记录

弄清来电的目的、内容，准确记录电话信息，通过适当复述，与服务对象确认信息，以确保信息的准确性，避免出错，提升服务品质。

（四）面带微笑，礼貌应答

（1）针对提问，给出准确的答复。

（2）对方询问的问题你确实不知道，需要向对方婉转说明"对不起，您需要了解的航班起飞时间现在还没有确定，请您等半小时后再来电话好吗？"

（3）如需对方留下联系方式，先要征得对方同意"王女士，您方便留下电话吗？我得到您的航班信息可尽快通知您。"

（4）接听电话时，如有其他旅客过来询问，要请前来问询的旅客稍等。"对不起，请稍等！"或用眼神、点头微笑以示打招呼。电话结束后，要对现场问询的旅客致歉："对不起，让您久等了！"

（五）表示感谢，礼貌结束

解答完问题后，主动询问"请问还有什么需要吗？"并对旅客的来电表示感谢"感谢您的来电，再见！"通话结束，一般等客人挂断电话后再挂电话。

知识拓展

一、问询服务的首问责任制

"首问责任制"服务，即旅客求助的第一位工作人员有责任在第一时间确保准确答复或有效解决问题的前提下为旅客提供优质服务，否则必须将旅客指引到能够提供有效服务的单位或岗位。

当旅客提出问询服务需求时，由第一位接到信息的工作人员负责接待，办理旅客询问事件或协助办理并跟踪反馈，该工作人员为首问责任人。提供协助或后续服务的人或部门为第二责任人，相对于第一环节是后续服务的首问责任人。

二、问询服务的岗位要求

（1）每日值机柜台开启前到岗：检查电脑、电话等设施设备是否处于正常状态，如有故障需要及时报修或调用备用设备，确保问询工作顺利进行。

（2）确保问询柜台始终有工作人员在岗，若有特殊情况需要离开，必须在柜台上放置"请稍等"指示牌。

（3）根据旅客提出的要求及时给予帮助，遇到无法解决的特殊问题应及时汇报。

（4）必须在国内和国际最后一个出港航班旅客登机结束后才可关闭柜台。

（5）旅客在现场提出投诉时应耐心解释，并记录相关情况，及时向上级反映，如有必要可向旅客提供投诉电话。

三、问询服务的岗位知识要求

（1）掌握国际航空运输概论和旅客行李运输、客票等相关业务知识。

（2）初步了解旅游地理基础知识。

（3）熟悉民航旅客心理学基础知识。

（4）熟悉本部门各岗位工作程序，并了解相关部门及机场联检单位（海关、边防、检疫）的业务知识。

（5）熟悉《中国民用航空旅客、行李运输规则》和《中华人民共和国民用航空法》的内容及规定。

🧳 任务实施

一、模拟现场问询服务礼仪规范

两人一组，分别扮演现场问询服务人员和旅客，按照现场问询服务礼仪规范，模拟练习现场问询服务情境：旅客问询自己乘坐的航班应在哪里办理值机；旅客只知道目的地和航班时间，不清楚航班所属航空公司等（表4.1）。

表 4.1 现场问询服务评价表

评价项目	评价标准	是否做到	评语
现场问询服务礼仪规范	①主动问候，站姿规范，面带微笑	是 否	
	②眼神亲切友好，认真倾听	是 否	
	③答复表述规范有礼，解决问题	是 否	
	④指引手势规范	是 否	
	⑤面部表情到位	是 否	
	⑥礼貌道别	是 否	

二、模拟电话问询服务礼仪规范

两人一组，分别扮演电话问询服务人员和旅客，按照电话问询服务礼仪规范，模拟练习电话问询服务情境：旅客问询航班起飞时间；旅客问询过程中，工作人员需要离开取文件或问询其他工作人员核实信息，不得不让旅客稍等的情况等（表 4.2）。

表 4.2 电话问询服务评价表

评价项目	评价标准	是否做到	评语
电话问询服务礼仪规范	①迅速接听，左接右记	是 否	
	②主动问候，自报家门	是 否	
	③认真倾听，准确记录	是 否	
	④面带微笑，礼貌应答	是 否	
	⑤表述规范，语气温和，语速适中	是 否	
	⑥表示感谢，礼貌结束	是 否	

三、案例思考

问讯处的争执

因连续三天大雾天气，某机场的进出航班几乎全部延误，滞留旅客占满了候机楼所有的空间，不少旅客就席地而坐，旅客等待的心情越发焦虑。有几位旅客走到问询柜台处询问值班工作人员：

"服务员，到 ×× 的航班到底什么时候能走啊？"

工作人员小王回答："我也不知道。"

"你再给问问。"

"问也没用。"

"嘿，你是什么态度！"

"我已经 20 多个小时没有休息了，我也想天气快点好。"

"你的意思我们还应该给你加班费？"

工作人员小王低头不搭理旅客。"不理人就是你们对待的旅客的态度吗？"，旅客气愤地说"我要投诉！我要投诉！"其他旅客也忿忿不平，拥挤的候机楼气氛更加焦灼。

请问：

如果你是问询工作人员，你会如何处理旅客的问询？

任务二　值机服务礼仪

学习目标

1. 知识目标：掌握值机服务礼仪规范；掌握自助值机服务礼仪规范。

2. 能力目标：能规范运用值机服务岗位礼仪，熟练运用值机服务礼仪进行对客服务。

3. 素质目标：树立礼貌待客的服务意识，培养严谨细致的工作态度。

相关知识

值机是指为旅客办理乘机手续（包括查验证件、安排座位、换登机牌、收运旅客托运行李等）的整个服务过程。在航班起飞前 45 分钟停止办理值机手续，因此旅客需要提前办理好值机手续。因为在值机柜台停止办理某个航班的手续后，还有很多相关工作要做，如需要结算旅客人数、行李件数、货物装运情况，计算飞机的载重平衡。需要画出平衡表及飞机重心位置，做好舱单后交机长确认签字，还要广播通知旅客登机，核对登机牌清点旅客人数，并与飞机上的乘务员核对无误，同时，旅客的行李、货物和邮件要装上货舱，飞机关闭舱门后的滑行起飞还要等待航空管制的放飞指令等。以上大量的后台航班保障工作需要诸多相关部门和工作人员默契配合，才能保障航班正点。

值机服务是机场地面服务流程中的一个重要环节，服务人员态度的好坏、礼仪的规范与否直接影响旅客对机场或航空公司服务质量的评价。

值机服务主要分为柜台值机和自助值机两种形式。

一、柜台值机服务礼仪规范

柜台值机服务是指为乘客办理乘机手续的服务过程，主要包括查验证件、安排座位、换登机牌、托运行李及相关乘客运输服务的处理。

（一）礼貌问候

当值机柜台前无旅客等候办理时，值机人员可保持坐姿基本要求，坐下等候。当旅客到达值机柜台前 1 米左右，值机人员应站立迎接，采用腹前式 V 字步站姿，面带微笑，目光注视旅客，主动问候"您好""早上好""晚上好"等（图 4.3）。

（二）查验证件

值机人员应保持站立，礼貌请旅客出示证件："您好，请出示您的身份证件（或护照）。"双手接过乘客证件，然后坐下办理乘机手续（图 4.4）。

图 4.3　站姿迎接　　　　　　　　　图 4.4　查验证件

（三）核对航班信息

在为旅客安排座位之前，应向旅客确认航班信息和目的地："请问您是准备乘坐××航班飞往××，对吗？""请问您准备乘坐的是×点×分飞往××的航班吗？"VIP 柜台的值机人员需要提供姓氏服务。在不知道旅客姓名的情况下，可使用"先生""女士"称呼旅客；当查验过证件，获取旅客信息后，在后续服务过程中应以"姓氏 + 称谓"称呼旅客，如"王先生""李女士"。

（四）安排座位

安排旅客座位是值机服务的一项重要工作。安排好旅客的座位，不仅能满足旅客的需求，而且能有计划地安排飞机的载重平衡，确保飞行安全。

1. 主动询问旅客对座位的喜好

询问旅客座位需求时应根据该航班座位实际剩余情况灵活使用询问方式，有以下几点询问技巧：

（1）大多数旅客喜欢靠窗口或靠过道的座位，在座位充足的情况下，可使用"请问您需要靠过道还是靠窗口的座位？"

（2）若靠窗口和靠过道的位置已经没有了，可不用询问座位喜好或可询问"您需要靠前的座位还是靠后的座位？"

（3）当航班座位剩余量少时可不用询问座位的喜好。

2. 不能满足旅客座位需求时

应先向旅客致歉解释，再提供其他座位选择："先生 / 女士，对不起，没有靠窗口的座位了，我给您安排一个靠前的或靠过道的座位，您看可以吗？"

3. 团体、家庭或相互照顾的同行乘客

应尽量将其座位安排在一起，若没有相连的座位时应告知旅客并致歉："先生 / 女士，很抱歉，现在没有一起的座位，给您安排在邻近的区域内，您看可以吗？"

（五）收运行李

（1）在办理值机手续时，值机人员应主动询问旅客是否有托运的行李，如"您有托运的行李吗？""请把行李放到传送带上"等。

（2）值机人员应主动了解旅客行李安全问题，如"请问您的托运行李里面有贵重物品或易碎物品吗？""您的托运行李里面是否有锂电池或充电宝"等。

（3）值机人员应仔细检查旅客行李外包装，若发现外包装不符合规定，应礼貌告知："对不起，您的行李包装不妥当，运输过程中可能造成行李损害，麻烦您按照 ×× 物品的打包要求重新包装一下，谢谢。"若旅客的行李箱已有损坏，应先同旅客确认，并在行李牌上做好相应的标识："您的行李箱轮子已掉落一个，麻烦您签字确认一下，谢谢您的配合。"

（4）若遇到旅客的托运行李超重时，值机人员应明确告知规定："对不起，您的行李重量已经超过了经济舱 20 千克的免费行李额度，请到逾重行李收费柜台缴纳逾重行李费，谢谢。"

（5）值机人员对待旅客的行李应轻拿轻放，规范拴挂行李牌，并将行李识别联粘贴在登机牌副联的背面（图 4.5）。

（六）告知登机口并礼貌告别

值机人员办理好手续后应起身站立，面带微笑，用双手将旅客的身份证件（或护照）、登机牌一并递交给旅客，同时告知："先生，这是您的身份证件和登机牌，行李条在

图 4.5　办理托运行李

登机牌上，请您收好。"（图 4.6）。

紧急时值机人员应向旅客提示登机口及登机时间信息，并且为其指示安检通道方位，如"先生／女士，您的航班马上要开始登机了，请您抓紧时间过安检通道，到××号登机口登机"或"您的航班在×区××号登机口登机"。面带微笑，身体前倾 15 度礼貌告别，可用"再见""祝您旅途愉快"等告别语（图 4.7）。

图 4.6　交还身份证（护照）、登机牌

图 4.7　告知登机口

二、自助值机服务礼仪规范

自助取票服务是指为旅客自助办理乘机手续的服务过程，主要包括协助扫描证件、核对航班信息，自助选择座位、自助打印登机牌等服务。

（一）礼貌问候

服务人员应在自助值机柜一侧站立迎接，采用腹前式 V 字步站姿，面带微笑，目光注视乘客，主动问候："您好，请问有托运行李吗？如有托运行李，还需到柜台办理托运手续，可一并办理乘机；如没有托运行李，可根据提示在此办理自助值机。"

（二）协助扫描证件

主动协助客人扫描身份证，值机人员可采用曲臂式手势为旅客指示身份证扫描窗口，扫描身份证，系统读取信息（图 4.8）。

图 4.8　协助客人

（三）核对航班信息

在旅客选取座位之前，应请旅客确认航班信息和目的地："请问您是准备乘坐××航班飞往××，对吗？""请问您准备乘坐的是×点×分飞往××的航班吗？"

（四）旅客自助选座

协助未在网上值机的旅客进行自助选座，是自助值机服务的一项重要工作。服务人员引导旅客自助选座时身体前倾 15 度，面带微笑，语气温和，可用曲臂式指示操作按钮。根据座位布局图（可选座位为绿色），旅客可根据自己对座位的喜好点击可选座位，点选成功后（选中座位颜色为橙色）。

（五）打印登机牌

面带微笑，双手自然下垂站立，等候系统打印登机牌。双手将乘客的身份证件、登机牌一并递交给乘客，同时告知："先生 / 女士，这是您的身份证件和登机牌，请您收好。"如旅客有同行者，可根据提示再次按照流程打印登机牌。

（六）告知登机口礼貌告别

运用直臂式手势为旅客指引安检通道位置，并温馨提示："安检通道请往×走，您的航班在×区××号登机口登机"。服务人员身体前倾 15 度礼貌告别，可用"再见""祝您旅途愉快"等告别语。

任务实施

一、模拟练习值机服务规范

小组为单位，按照值机服务流程（礼貌问候—查验证件—核对航班信息—安排旅客座位—收运行李—告知登机口礼貌告别）模拟练习值机服务礼仪规范（表4.3）。

表 4.3　值机服务评价表

	评价标准	是否做到	评语
值机服务礼仪规范	①礼貌问候语言规范	是　否	
	②值机服务流程规范，高效有序	是　否	
	③座位选择时问询有礼、尊重旅客	是　否	
	④指引、指示手势规范、有礼	是　否	
	⑤迎送旅客表情恰当	是　否	
	⑥双手呈递证件、机票	是　否	

二、模拟练习自助值机服务

小组为单位，按照自助值机服务流程（礼貌问候—协助扫描证件—核对航班信息—旅客自助选座—打印登机牌—告知登机口礼貌告别），模拟练习自助值机服务礼仪规范（表4.4）。

表 4.4　自助值机服务评价表

	评价标准	是否做到	评语
自助值机服务礼仪规范	①协助旅客取票服务流程准确	是　否	
	②问候语言礼貌、规范	是　否	
	③提示操作语准确、有礼	是　否	
	④指引、指示手势规范、有礼	是　否	
	⑤等候、迎送时站立规范、表情恰当	是　否	
	⑥双手呈递证件、机票	是　否	

三、案例讨论

张先生和王先生两人出行，当张先生到达机场值机时，王先生还在赶往机场的路上，而此时值机时间马上就要截止，张先生要求工作人员把两人的登机牌都打印出来，值机柜台工作人员解释没有王先生的证件，不能办理值机手续，张先生表示知道王先生姓名和身份证号码并苦苦哀求。

请问：

1. 该案例中值机工作人员能不能直接为王先生办理值机手续？

2. 如果你是值机柜台工作人员，会如何处理？

知识拓展

一、中国南方航空自助值机流程图（图4.9）

图4.9 中国南方航空自助值机流程图

二、特殊旅客的座位安排

（1）若遇到特殊旅客（老年人、孕妇、儿童、婴儿、残疾人等），应按照特殊旅客座位安排的要求，给予选择适合的座位。

（2）在安排应急出口的座位时，应严格按照规定发放，且必须明确告知旅客应急出口座位的相关要求，在得到旅客的同意后才可将其安排在应急出口的座位。

任务三　要客服务礼仪

学习目标

1.知识目标：掌握要客服务礼仪规范。

2.能力目标：熟练运用要客礼仪规范，能够规范进行要客服务。

3.素质目标：树立认真负责的工作态度，培养责任意识和将服务工作做好尽善尽美的精神。

相关知识

要客服务也称贵宾服务、VIP 服务，是民航服务中的一个重要部分。要客（贵宾、VIP）是指具有一定的身份和特殊社会地位的旅客。为了有效保障乘坐民航飞机要客的服务质量及安全，根据国家礼宾司及民航局的有关规定，根据重要旅客身份、职务或社会知名度进行了要客范围的划定。航空公司以及各大机场从硬件设施的配置到软件服务的质量都有极其严格的要求和规定，对要客服务必须给予特别礼仪和重要保障。

鉴于其重要性及特殊性，要客服务工作人员必须具备较高的文化素养，认真负责的工作态度，较强的沟通表达能力、娴熟的服务技能，良好的礼仪修养，规范的仪容仪表。

一、迎接要客礼仪

（一）接待前准备

得到要客车辆到达的信息后，做好相应准备：

（1）了解接待要客的姓氏称呼、身份职务。

（2）整理个人仪表着装。

（3）带上对讲机。

（4）在航班登记时间前 30 分钟到达服务大厅等候，准备迎接。

（二）开启车门

（1）要客车辆到达时，迎宾人员主动上前帮助打开车门。

（2）左手为要客打开车门，身体背对车头方向，同时注意开门时身体的位置，不要有碍坐副驾驶位的人员开门下车。

（3）右手五指并拢放于车门上方，提醒要客不要碰头（对信仰伊斯兰教、佛教人士除外），身体微前倾（该操作主要作用于轿车）。

（4）要客下车（或上车）后帮助关上车门（图4.10）。

（三）迎宾问候

（1）要客下车，迎宾人员要提醒"×总（部长）请小心。"

（2）如天气较冷，要提示要客穿好外套"今天风大，您可以把外套穿上。"

（3）如遇雨天或天气不好，要提示要客"请注意脚下"，并为要客打伞。

（4）如要客有行李，要主动帮助提拿（图4.11）。

图4.10　开启车门示范

图4.11　迎宾礼仪示范

（四）门口迎宾

1. 主动相迎

要客到达贵宾室门口时，迎宾人员站立于贵宾室门口一侧，要主动迎上前。

2. 微笑问候

注视要客，面带微笑，向要客行30度鞠躬礼问好"您好，×部长，欢迎您！"等问候语（图4.12）。

图4.12　门口迎宾礼仪示范

3. 引导进入

引导陪同要客进入预定的休息室时，引导走在要客斜前方一至两步远。行进速度与要客保持一致，切勿太快或太慢。

（五）引导要客通过安检

如果要客乘车在候机楼门口下车，迎宾人员准备好"贵宾通行证"和对讲机，提前5分钟在贵宾到达门口迎接。

1. 主动询问

要客到达后主动询问是否为自己要接待的贵宾，如："您好！请问您是××公司的王总吗？"

2. 自我介绍

向要客作自我介绍："王总您好！我是贵宾室小李。"

3. 规范引导

确认无误后帮着挂好"贵宾通行证"，并接过要客的身份证和行李引导到要客专用安检通道（享有免检待遇的贵宾，只需经过"贵宾通道"即可，不需要经过身体和行李的安全检查）。

4. 礼貌询问

询问要客有无行李需要托运："王总您好！请问您有托运行李吗？"

5. 帮助办理

帮助要客办理登机手续："王总，请把您的身份证、护照、机票暂交给我，我去为您办理登机手续。"

6. 请求配合

需要要客配合："王总您好，边防局要求乘客本人过去核对签证，麻烦您和我一起去一下可以吗？"

7. 办妥说明

办好手续后："王总您好，您的值机手续已经办妥，请收好您的证件。"

注意：为了保证要客能够及时通过安检，民航机场安检都设有"贵宾通道"。对持有免检函的贵宾实行免检。

二、贵宾室服务礼仪

要客服务人员为要客提供服务时，每个程序、每个动作都有严格的要求，以体现对贵宾的尊重。

（一）进出贵宾室礼仪

要客到达机场后，一般会在预定的贵宾室休息候机。服务人员需要多次进出贵宾室为要客提供饮料、毛巾等服务。

1. 规范开关门

进入贵宾室，身体面向室内要客，手伸到背后轻轻把门关上；离开贵宾室，走到贵宾室门口，先开门，然后转身面向室内要客，退出，再轻轻把门关上。

规范开关门注意，进出时均面向室内，轻开轻关，以不影响要客休息为宜。

2. 要客先行

进入休息室

服务人员引导要客至贵宾室，先开门，站在一侧用手势示意，要客先进，服务人员随后进入，再引领要客入座和提供服务。

在要客离开休息室时，服务人员手势示意请要客先出，随后跟上。

离开休息室

3. 主动开关门

在要客进出贵宾室，服务人员要主动帮助把门打开和关上。

4. 轻开轻关

开关门时，应用手握住门把手推开或关上，然后松开把手，不可用脚或胳膊踢开或碰撞；关门时要轻拉轻关，不发出门与门框的碰撞声，以免影响要客的休息。

（二）托盘服务技能与礼仪

要客服务使用的托盘以圆形为宜，使用时必须垫好托盘垫纸或配套的专用布垫，以防止滑落。摆放物品时，注意物品的重心以便托盘重心的平衡掌握。正确掌握端托盘的方法，可以使服务员的身体姿态与端托盘的姿势看上去协调又美观（图4.13）。

图 4.13　托盘服务动作示范

（1）托盘用左手，将托盘端放于左手掌上为客服务。左手小臂抬至身前，大臂与小臂成90度，小臂、手腕与手面成一条直线，掌心向上且下凹，五指张开有力。

（2）将托盘置于左手上，用手指和手掌托住盘底，使左手处于托盘下方的中间位置，左手5个手指及左手掌根部成为手与托盘之间的着力点，掌心不与盘底接触。右手扶住托盘边缘，协助控制托盘的平衡。一般较重的杯具可放于托盘靠近身体的部分，以更好地掌握平衡（图4.14）。

图 4.14　控制托盘平衡的动作示范

（3）行进中保持目光平视，只可用眼睛的余光确认托盘中物品的状态。用微笑和目光与贵宾交流以示打招呼，而不能只盯着托盘。

（4）行进中保持托盘的稳定性，走路起伏不可过大，脚步不能太快。

（5）托盘上铺有防滑用的垫纸或布垫，在任何时候都应该保持平稳，即使是空托盘，也不可歪斜或竖拿，否则是对贵宾的不礼貌。

（三）毛巾服务技能与礼仪

毛巾服务是贵宾到达入座后的第一道服务，无论室内外温度多少，毛巾的温度以热毛巾为宜。摆放时一条毛巾使用一个条形碟（图4.15）。

图4.15　毛巾摆放在条形碟中

1. 毛巾湿度与温度掌握

毛巾的湿度以拧不出水为准，温度适宜，既不冷也不烫手。

2. 送毛巾的时间

贵宾入座后2分钟内送上（一般与第一遍饮料同时送），5分钟后撤下。

3. 送毛巾礼仪

上毛巾可分为前位上毛巾与后位上毛巾两种：前位上毛巾主要适用于贵宾室沙发靠墙放置的情况，后位上毛巾主要适用于贵宾室沙发后面有空间的情况。

（1）站在距茶几前(后)15厘米处，使身体正面与茶几平行，同时位于客人斜前（后）方。

（2）双腿自然弯曲，双膝并拢自然下蹲，身体要保持重心，不要前后左右晃动。

（3）右手从托盘中拿出毛巾筐，左手向外侧打开托盘，使之与身体成顺时针45度（图4.16）。

4. 放毛巾位置

右手将毛巾碟放在杯垫的后方（客人面对方向）或侧方（由客人的座位决定），

使之与杯垫间的距离为 5 厘米，并与客人的手臂平行或垂直（由客人的座位决定），之后目视客人面带微笑伸手示意。

（前位上毛巾） （后位上毛巾）

图 4.16 送毛巾礼仪示范

（四）饮品服务礼仪

1. 准备第一遍饮料

（1）宾客进入休息室后首先送上白水（常温）或热茶。

（2）服务时玻璃杯（茶杯）在托盘中部（图 4.17、图 4.18）。

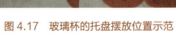 

图 4.17 玻璃杯的托盘摆放位置示范 图 4.18 茶杯的托盘摆放位置示范

2. 茶水服务礼仪

贵宾休息室为贵宾准备的茶的品种主要有绿茶、红茶、乌龙茶等，服务时可按照贵宾的喜好和选择进行准备。

（1）学会沏茶程序：根据不同茶类区别处理投茶量、水温及茶水比。

①温具：用开水烫洗茶具，使之温润洁净。目前贵宾休息室多使用玻璃杯和带盖瓷杯。

②置茶：将待冲泡的茶叶置入杯中。

③润茶：往杯中注入开水，倒掉第一道茶汤。部分茶需要润茶，如乌龙茶、黑茶。

④冲泡：将温度适宜的开水高冲入杯，使茶叶在杯中翻滚、散开，以更充分地泡出茶味（表 4.5）。

表 4.5　常用茶类冲泡方式

沏茶程序	茶水比	温度	冲泡方法	茶具
绿茶	1∶（50～60）	75～85℃	根据嫩度及形状，分上、中、下投法，均加水至七分满。	玻璃杯
红茶	1∶（50～60）	90℃左右	注入开水，不要直接冲击茶叶，水七分满为宜。	茶杯
乌龙茶	1∶（20～30）	95～100℃	高冲注水，水七分满为宜。	茶杯

（2）掌握上茶时间：宾客入座后 3 分钟内送上，每隔 5～8 分钟为客人续加一次。

（3）上茶规范动作：上茶分为前位上茶与后位上茶两种：前位上茶主要适用于贵宾室沙发靠墙放置的情况，后位上茶主要适用于贵宾室沙发后面有空间的情况。

①上茶站位：站在距茶几前（后）15 厘米处，使身体侧面与茶几边沿垂直，位于客人的斜前（后）方。

②姿态动作：双腿自然弯曲，双膝并拢自然下蹲，身体要保持重心，不要前后左右晃动，放好杯垫。

③拿杯动作：右手从托盘中拿拿茶杯的把手，拿起茶杯，左手向外侧打开托盘，使之与身体成顺时针 45 度（图 4.19、图 4.20）。

④摆放位置：将茶水放到杯垫的中间。

⑤把手角度：右手轻转杯垫一次，使茶杯把手与贵宾右手的位置成 45 度角。

⑥目光礼仪：面带微笑，目光与所服务的贵宾交流。

⑦礼貌用语：摆放好之后伸手示意："李部长打扰了，这是您喜欢的乌龙茶，请慢用。"

（4）续茶水规范动作礼仪如下：

①上茶站位站好，轻转布碟，使杯柄朝向自己。

②右手（左手）小指、无名指夹住茶杯盖提起，食指、拇指钩住杯柄，平稳拿起茶杯。

③外撤一小步，身体略向前倾，使手中的茶杯与下腹部平行，左手（右手）提壶倒水；将杯子轻放回布碟，盖好杯盖。

④右手（左手）轻转布碟杯，使杯柄与客人右手成逆时针 45 度，之后伸手示意（见图 4.21、图 4.22）。

图 4.19　茶水服务动作示范
（前位上茶）

图 4.20　茶水服务动作示范
（后位上茶）

图 4.21　茶杯与条形碟的茶几摆放位置示范

图 4.22　玻璃杯与条形碟的茶几摆放位置示范

3. 冷饮服务礼仪

（1）冷饮服务规范程序如下：

①杯具：使用玻璃杯，杯子要干净透明，不可有破损或缺口裂缝；

②容量：一般饮料倒 7~8 分满为宜；

③时间：贵宾入座后 3 分钟内送上，每隔 5 分钟为贵宾加一次冷饮；

④加冰：如果贵宾需要冰块，可先在玻璃杯中放入 3 块冰，再倒饮料。

（2）冷饮服务规范礼仪与茶水服务规范动作相同。

4. 咖啡服务礼仪

1）准备咖啡

送咖啡前先询问贵宾是否需要加糖和奶，在咖啡机上接咖啡，八分满为宜。

2）咖啡服务规范动作

①将咖啡杯放在配套的布碟中间，小勺及咖啡杯把位于客人右手方，糖包及奶粉包位于客人左手方。

②先将茶几上原有的放茶杯的布碟撤走，将冲好的咖啡及其布碟摆放在该位置上；右手轻转布碟，使杯柄和小勺的位置与客人手臂成45度，之后伸手示意（图4.23）。

图 4.23　咖啡服务示范

三、要客服务用语礼仪

（一）要客服务语言原则

真诚亲切、自然大方；表达清晰；音量适中、发音标准。让服务对象听在耳中，暖在心里，柔和自然。

1. 称呼恰当

对要客的称呼要考虑到不同对象、不同场合，照顾服务对象的语言习惯、文化层次、地方风俗等各种原因。

①服务员在为要客服务时可称呼职务，如"李主席""王总"；

②对人大、国务院、政协等政府领导可称呼"首长"；

③对要客的夫人可称呼"夫人"；

④对要客的陪同可称呼职务，如"李秘书"；

⑤对外宾的称呼要尊重其本国的习惯，如称呼"陛下""殿下""亲王"等。

2. 表达清晰

要客服务必须讲普通话，口齿清楚，简明扼要，语气谦恭，语调亲切，发音准确，音量适中：

"王总您好！您乘坐的 ×× 航空 2265 次航班预计 9:05 分起飞，我会提前 20 分钟通知您登机。"

"刘总早上好！请把您的身份证给我，我去给您办理登机手续。"

3. 礼貌致歉

在为要客服务过程中，如果需要协助或者需要对方谅解，应首先致歉，用敬语向要客提出要求或说明理由（表 4.6）。

表 4.6 常见情况致歉表达

情况	致歉表达	
航班延误	"对不起，王总，您乘坐的 2265 次航班由于天气原因延误 30 分钟，起飞时间确定后我会尽快通知您。"	及时告知要客航班情况。
工作人员发生失误	"李总，对不起，刚才我说错了，您乘坐的航班应该在 26 号登机口。"	真诚坦白的态度容易得到对方的谅解。
弄脏要客衣物	"李总实在对不起，我马上擦干净。"	道歉后，可请领班再次向你的服务对象道歉。
不能及时满足要客需要	"对不起，李总，我们考虑不周，没有事先准备，我马上给您拿来。"	要求服务员在每个休息室都准备好备用的笔和纸。

（二）接听电话要客服务用语的运用

（1）电话铃声响起两声内，值班员拿起电话主动问候并报上单位名称，如："您好！我是 ×× 机场贵宾室王一。"如果响铃超过三声后接听，应马上致歉说："抱歉，让您久等了。"

（2）如对方要求车辆开进贵宾停车场，就需要了解并记录有关信息。如："秦秘书，您好！麻烦您把车辆品牌、车牌号、颜色告诉我（记录下具体信息）。我再重复一遍您看对吗？礼宾的车辆出发后麻烦您给我信息。谢谢您，再见！"

（3）如果没有听清楚可以请对方复述。如："秦秘书对不起，我刚才没有听清楚，请问您一行有几位？"

（4）为了准确记录电话中传递的数字信息，如航班号、到达时间、人数等，需要向对方复述。如："秦秘书您好，我再重复一遍您看对吗？航班号 CA4137 航班，明天上午 7:20 到达机场，一行 3 位。谢谢，再见！"

（5）信息记录要准确清晰，包括礼宾到达具体时间、人员、特别要求，同时记录是否有过汇报以及向谁汇报，最后签上记录人员的姓名和时间。

注意：值班室保持安静的环境，以免不该有的声响影响电话接听效果；禁止在电话中向无关人员透露要客的信息及行踪。

 任务实施

一、项目训练

1. 托盘服务、茶水服务训练

以小组为单位，对托盘服务、茶水服务进行训练（前位、后位上茶、续茶水服务）。

情况：请在相应的完成情况后打上"√"。

顺利完成□　　　基本完成□　　　部分完成□　　　不能完成□

任务小结：

2. 冷饮服务礼仪训练

以小组为单位，对冷饮服务进行训练。

情况：请在相应的完成情况后打上"√"。

顺利完成□　　　基本完成□　　　部分完成□　　　不能完成□

任务小结：

3. 咖啡服务礼仪训练

以小组为单位，对咖啡服务进行训练。

情况：请在相应的完成情况后打上"√"。

顺利完成□　　　基本完成□　　　部分完成□　　　不能完成□

任务小结：

二、模拟演练

1. 模拟迎接要客服务礼仪规范

两人一组，分别扮演要客服务人员和要客，按照迎接要客服务礼仪规范，模拟练习迎接要客服务（表4.7）。

表 4.7　迎接要客服务评价表

评价项目	评价标准	是否做到	评语
迎接要客服务礼仪规范	①做好个人准备；	是　否	
	②规范开启车门；	是　否	
	③微笑相迎，主动问候；	是　否	
	④指引手势规范；	是　否	
	⑤礼貌结束。	是　否	

2. 模拟接听电话要客服务用语的运用

两人一组，分别扮演要客服务人员和要客，按照接听电话礼仪规范，模拟要客服务用语的运用（表4.8）。

表 4.8　接听电话要客服务用语评价表

评价项目	评价标准	是否做到	评语
接听电话要客服务用语规范	①及时接听，主动问候，称呼恰当；	是　否	
	②准确沟通记录电话中传递的数字信息；	是　否	
	③准确记录	是　否	
	④普通话标准，表达清晰，亲切自然；	是　否	
	⑤礼貌结束。	是　否	

三、案例思考

某日某机场贵宾休息室，在提供饮料服务时，贵宾李先生向服务人员要了一杯加冰的橙汁。该服务人员倒了一杯接近全满的橙汁递给李先生，李先生表示不满，并要求服务人员重新倒一杯。

请问：

1. 为什么李先生不满意？

2. 作为服务人员面对这种情况应该如何处理呢？

分析：服务人员需认真学习和掌握各项服务标准与规范，严格要求自己，养成良好的服务习惯。根据规定，冷饮服务通常倒 7~8 分满，每隔 5 分钟为贵宾加一次冷饮；热饮 / 汽饮服务通常倒 7 分满，每隔 5~8 分钟为客人续加一次热水。

民航服务要客分类

1. 第一类是 VVIP

特别重要旅客（Very Very Important Person，VVIP），如我国党和国家领导人，外国国家元首和政府首脑，外国国家议会议长和副议长，联合国正、副秘书长等都属于VVIP。

2. 第二类是 VIP

重要旅客（Very Important Person，VIP）包括政府部长、副部长；省、自治区、直辖市党委书记及副书记、人大常委会主任及副主任；省长及副省长、自治区人民政府主席及副主席、直辖市市长及副市长和相当于这一级的党政军负责人；我国和外国大使；国际组织（包括联合国、国际民航组织）负责人；国际知名人士、著名议员、著名文学家、科学家和著名新闻界人士等；我国和外国全国性重要群众团体负责人等。

3. 第三类是 CIP

商界重要旅客（Commercially Important Person，CIP），包括工商业、经济和金融界重要、有影响的人士；重要的旅游业领导人；国际空运企业组织负责人，重要的空运企业负责人和我国民航局邀请的外国空运企业负责人等。

重要旅客是航空运输保障的重点，认真做好重要旅客的运输服务工作是民航运输服务工作中的一项重要任务。在整个运输服务中要按照"保证重点，方便旅客"的原则，对重要旅客的接待和运送要做到万无一失，确保安全。

>>> >>> 模块五

民航服务人员
客舱服务礼仪

模块介绍

　　民航服务是各航空公司企业文化和企业形象展示的窗口，乘务员端庄得体的形象、优雅大方的仪态是旅客获得优质航空服务的重要内容。从旅客候机开始直至下机，乘务员的言谈举止始终被旅客关注着，真诚的微笑、高雅的仪态、细致的服务都在突显民航服务人员的综合素养，也在践行客舱服务的最大价值。

　　本项目采用实操训练和流程模拟的方式，通过对乘务员登机前礼仪、客舱迎送礼仪、客舱服务礼仪三个任务进行学习。提高对客舱服务礼仪的认识和实践，培养服务意识，锻炼履行礼仪的意志。

思维导图

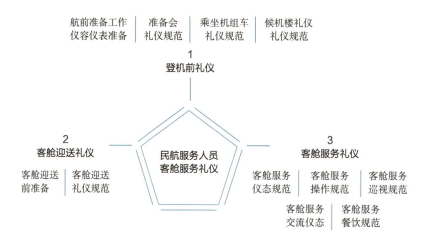

模块导入

观看《东航航空宣传片》。

请讨论客舱服务礼仪的意义是什么？

任务一　登机前礼仪

1. 知识目标：掌握民航服务人员登机前礼仪规范；掌握服务人员之间交往的理念和意识。

2. 技能目标：熟练运用乘务员登机前礼仪。

3. 素质目标：培养民航服务人员礼仪修养；增强团结精神，培养团队协作的能力。

民航服务分为四个阶段，分别为预先准备阶段、直接准备阶段、飞行实施阶段及航后讲评阶段，预先准备阶段是指客舱乘务员确认飞行任务至登机阶段，是保证安全执行航班任务提升服务质量的重要过程，主要包括个人准备、召开航前准备会、乘务组进场三个部分。

一、航前准备工作

（一）仪容仪表准备

乘务员在执行任务时应注重自己的形象符合职业化，做到亲切、优雅、端庄、大方。登机前乘务员应确认发型、妆容、着装、饰品、鞋袜等符合职业形象要求，并在执行航班任务和穿着制服期间始终保持良好的企业形象，体现良好的内在素养。具体要求见模块一。

（二）准备会礼仪

准备会是飞行前机组成员的航班协同会议，是飞行前的总动员和客舱服务及安全工作的检查会。准备会组员之间相互问候、礼貌交流为航班营造团结协作的工作氛围打下良好基础。航前准备会乘务员应注意以下礼仪行为：

1. 签到礼仪

航班任务前应提前到达签到地点有序进行签到及酒精测试，确保准时进入航前准备会会议室（图5.1）。

图5.1　航前签到

2. 见面礼仪

进入准备会会议室主动问候乘务长及其他乘务员，并向乘务组做自我介绍："乘务长好，我是今天一起执行航班任务的乘务员，我叫×××。"乘务长对客舱乘务员的称谓应使用每个乘务员的中文名，客舱乘务员对乘务长的称谓应统一使用"乘务长"（图5.2）。

图5.2　航前准备会

3. 行为礼仪

飞行箱按照要求或顺序统一整齐摆放（图5.3），不要放在过道或出口处，妨碍他人正常通行；制服帽整齐地摆放在桌面上或根据要求放置于飞行箱内；飞行包放置于自己腿上或指定位置（图5.4）；登记证挂于胸前，正面朝外；将航前准备会中乘务长需检查的飞行证件、备份眼镜、《客舱乘务员飞行日志》整齐放在桌面上；客舱乘务员依次按照飞行号位顺序就坐。

图 5.3 飞行箱放置规范 图 5.4 飞行包放置规范

二、乘坐机组车礼仪

机组车是执行航班任务的机组成员从航前准备会议室前往候机楼的交通车。乘务员乘坐机组车时，应当体现出民航乘务员良好的礼仪素养。具体要求如下：

乘务员需按照开车时间提前到达乘车地点，上下机组车时，应相互协助提拿行李。

（1）上车后，客舱乘务员需将飞行箱整齐摆放于机组车第一排座椅前地板上，勿妨碍他人通行。

（2）乘务员上车后应从最后一排依次往前坐、由里往外入座，将前面座位留给机长和副驾驶；下车时乘务员应礼让机长及副驾驶先行（图 5.5）。

图 5.5 乘坐机组车礼仪

（3）上车后乘务员应主动热情地向司机致意，并主动向机长及其他飞行机组问候；上车确认机组人员到齐后向司机通报，"师傅您好，整组人齐，谢谢"。

三、候机楼礼仪

进入候机大厅，乘务员的言行举止都代表着航空公司的品牌形象，整齐有序、端庄大方的形象对企业的发展起着积极的宣传作用。因此，乘务员在候机楼行经中及候机大厅待机中遵守礼仪规范至关重要。

（一）候机楼行径礼仪

1. 候机楼行径规范

列队行径，列队时乘务长根据乘务组人数安排列队，如乘务组人数为单数，则按单行纵队列队，如乘务组人数为双数，则双人并排列队。乘务长应对乘务组列队整齐情况及乘务员精神面貌情况进行监控，组员则按号位高低依次列队排成竖排行进，客舱女乘务员在前，客舱男乘务员在后。

注意：行进期间禁止使用手机、拍照、结伴聊天或嬉笑打闹。如在行进期间要脱离队伍进行个人活动，应事先征得乘务长同意。

2. 候机楼携物行走规范

（1）过夜袋统一放置于飞行箱上，右手拉箱。

（2）女乘务员飞行包左肩挎包，左手扶握于包带下端。

（3）乘务员在行进中，应保持良好行为举止，不可勾肩搭背、东张西望，不可边走边打手机。

（4）通过候机楼时，步速快慢要保持一致，表情亲和自然，纵队行进，队形整齐。

3. 候机楼行进中的礼仪

（1）行进中，如遇见领导、同事，微笑问好、谦恭让行，体现乘务员良好的综合素质。

（2）行进中，如与旅客目光对视，致以友好的微笑，路遇旅客，驻足相让，然后快速追上队伍，体现乘务员积极的精神面貌。

（3）如他人问询时，放慢脚步，面带微笑，耐心友善地回答问询，体现乘务员优秀的职业素养。

4. 候机楼乘坐步行梯、电梯礼仪

（1）步行梯、移动电梯礼仪，以一路纵队靠右站立，个人飞行箱放在身体的后面或右侧，留出左侧通道，方便需要快速通过的旅客，不得在步行梯或移动电梯上嬉笑打闹。

（2）机组人员需要乘坐升降电梯或摆渡车时，应主动协助同行人开 / 关电梯门和提拿行李。

（3）当与旅客同坐一部电梯时，与人为便，在电梯中应保持人与人的安全距离，不要过于贴近。

5. 通过安检、海关、检疫区礼仪

进入安检区，或通过海关、检疫区时，乘务员应主动与工作人员打招呼，有序地将自己的行李放置在传送带上。如需排队，要与前方人员保持距离；地面如有等候线，站在等候线外进行等候。主动出示空勤人员登机证接受安全检查。

（二）候机楼待机礼仪

由于天气原因或机械故障、航班调配等诸多原因而发生航班延误时，乘务员们需要在候机楼大厅等候登机。在此期间，旅客时刻在关注乘务员的言行举止，因此，每一名乘务员都应按照航空公司待机礼仪严格要求自己。

1. 待机坐姿基本要求

（1）男女乘务员入座后，保持坐姿基本要求，靠椅背深坐，耐心等待。

（2）女乘务员背包统一放在自己的双腿上，双手扶于背包上。

2. 待机行为礼仪

（1）候机楼待机时，乘务组应着装整齐、集中就座。

（2）飞行箱集中放置于座位旁侧，依次摆放整齐。

（3）待机时，乘务员不可与旅客混坐。也不可坐在窗台、柜台上或台阶上，当候机大厅出现旅客多而无座位的情况，乘务员应主动起身让出座位，请旅客就坐。

（4）待机时，不可吃食物，也不可以打闹、补妆、打瞌睡，不当众大声打电话。

（5）禁止在非禁烟区吸烟。

（6）乘务员之间聊天时注意聊天内容和措辞，不可毫无顾忌地开玩笑。

 **任务实施**

一、模拟演练

小组呈现准备会礼仪（表5.1）。

表 5.1　准备会礼仪评价表

评价项目	评价标准	是否做到	评语
流程一：完成航前签到及酒精测试	①有序排队进行酒精测试	是　否	
	②进入准备室规范放置物品并入座	是　否	
	③向同组成员问候	是　否	
流程二：完成航前准备会	①有序放置飞行箱，挂好登机证，将准备会物品取出整齐摆放于桌面	是　否	
	②向乘务组员问候及自我介绍	是　否	
	③分配号位	是　否	
	④整齐列队等待机组车	是　否	
流程三：模拟乘坐机组乘车	①有序放置飞行箱	是　否	
	②跟机组车司机致意，向其他机组成员问候	是　否	
	③从后向前依次就坐	是　否	
	④最后一名成员向机组车司机汇报人员到齐信息	是　否	
流程四：模拟候机楼进场	①乘务长组织列队	是　否	
	②做好行径监控	是　否	

二、案例分析

准备室的温暖

小李是某航空公司新乘务员，今天是她飞行的第一天。小李提前来到了准备室，找了最靠里的座位坐了下来，将飞行箱放置在了桌子旁边，将飞行证件、备份眼镜、飞行日志整齐放在桌面上。这时其他乘务员陆陆续续进来，小李主动站起来给其他组员问候："早上好！我是今天跟大家一起执行航班的新学员，请大家多多关照，做的不好的地方我会及时改正的。"其他乘务员纷纷回答："没事，不用紧张，有不会的地方随时问我们。"不久乘务长进了准备室，乘务员们告诉小李，这是今天一起执行航班的乘务长。小李赶紧给乘务长打招呼："乘务长好！我是今天的学员小李，很荣幸能跟乘务长学习，我会努力做好的！"乘务长笑了笑，点头说："没关系，不紧张，今天大家都相互帮助，让我们顺利地完成航班。"

请问：

1. 从案例中你得到了什么启示？

2. 分析登机前礼仪的重要性。

任务二 客舱迎送礼仪

学习目标

1. 知识目标：掌握客舱迎送礼仪程序及规范；掌握对客服务中表达尊重的方法。
2. 技能目标：熟练运用客舱迎送礼仪。
3. 素质目标：陶冶尊重他人的情感态度；增强民航服务人员职业素养，培养爱岗敬业精神。

相关知识

客舱迎送礼仪是指乘务员在客舱门口及舱内迎接旅客登机或离机道别时的礼仪仪式。登机迎客是客舱乘务员与旅客第一次见面时的情感沟通，不仅能让旅客对航空公司的服务留下极深的第一印象，还影响旅客对航班服务的信赖与配合。客舱送客则是该航班服务是否圆满完成的验证。客舱迎送礼仪有助于在旅客心中形成完整的民航服务礼貌待客印象。客舱迎送礼仪主要由乘务员迎客时的站位、站姿、仪表、仪态，以及目光与微笑、称谓与问候、鞠躬致意等国际礼仪元素组成。

一、迎送前准备

1. 客舱环境卫生准备

在直接准备阶段乘务员登机后应将证件放置于飞行箱中，锁闭飞行箱外部锁扣，放置在经济舱的指定区域内，避免占用整排行李架或影响旅客行李放置。检查客舱清洁卫生及服务设备，确认无误（图5.6）。

2. 仪容仪表准备

乘务长通知乘务员做好迎客准备时，乘务员应立即进行仪容仪表的整理（表5.2），并尽快在迎客位置上迎接旅客。

图 5.6　飞行箱摆放

表 5.2　仪容仪表规范表

检查项目	标准	整理
头发	无凌乱碎发	用梳子蘸水后稍加梳理
妆容	妆容完整	迅速补妆、用吸油纸轻按有油脂的部位
制服	根据季节统一乘务组服装（穿马甲或外套），整理丝巾、裙子、工作牌。丝袜保持完好无破损，皮鞋保持干净光亮	发现丝袜有破损要在旅客登机前换备份丝袜
手部	干净、无油脂或污物	检查餐食、准备报纸等工作后需要洗净双手，涂上护手霜。

3. 站至迎客位准备迎客

根据乘务员各自工作区域，站于指定位置迎接旅客。通常情况下由乘务长负责 L1 门迎客，头等舱乘务员在头等舱第一排，其余乘务员在经济舱第一排、紧急出口座位处均匀分布，等待旅客登机并引导旅客就坐（图 5.7）。

二、迎送礼仪规范

肢体语言是通过人体及姿态来传递无声的语言，形象、生动、直观地表达了要传递的信息，客舱乘务员对客服务的姿态正是向旅客传递航空公司的企业文化。

图 5.7　迎客站位

1. 迎送时的站姿

迎送旅客时，乘务员以45度角面对机舱门口和所对的通道，男女乘务员都按照标准站姿站立迎客，女乘务员以优美的V字步或丁字步前腹式站姿迎客（图5.8），男乘务员以垂臂式或前腹式站姿迎客（图5.9）。

图5.8　女乘务员标准站姿　　　　图5.9　男乘务员标准站姿

2. 迎送时的表情

迎客时乘务员应目光注视旅客，真诚、亲切地微笑迎接旅客，给旅客留下良好温暖的第一印象（图5.10）。

3. 迎送时的鞠躬

在客舱迎送客时，一般采用15度角鞠躬礼。乘务员的目光注视旅客，加之微笑、眼神、问候形成完整的欢迎礼节（图5.11）。

4. 迎送时的语言运用

服务语言是用来表达感情，交流思想的工具，在旅客登机时热情友好的问候，能为旅客带来亲切和温暖。

迎客时可根据旅客登机时间分别用"早上好、中午好或晚上好"等进行问候；可根据旅客性别的不同称呼"女士或先生"；可根据乘客年龄的不同称呼"爷爷、阿姨、小朋友"；可根据头等舱旅客的名单称呼姓氏"梁先生、刘女士"。

（1）女士／先生，早上好！欢迎乘机！我可以看一下您的登机牌吗？谢谢！ 6A在您的右手边靠窗的座位，座位号在行李架上有标注，里面请。

图 5.10　迎客时微笑

图 5.11　迎客时鞠躬

（2）您好，×女士，欢迎您乘坐本次航班，您的座位就在第二排，这边请。

（3）女士您好，欢迎登机，宝宝真可爱，您请稍等，请位乘务员帮您拿行李，因为飞机空间较小，婴儿车我给您托运到货舱，您下飞机时就在舱门口取好吗？谢谢合作。

（4）女士您好，欢迎您，您的行李可以放置在行李架上，让我来帮您。

（5）女士/先生，请带好全部手提物品下飞机，谢谢！

（6）女士/先生，宝宝的婴儿车就在舱门外，请您确认一下，感谢您乘坐我们的航班。

（7）女士/先生，感谢您乘坐本次航班，再见。

（8）女士/先生，请慢走，期待下次旅途再会。

在迎送旅客时，既要热情相迎又要观察旅客需求，头等舱旅客要有姓氏服务，特殊旅客需主动帮助；迎送旅客的语言要发自内心，语调要热情温暖。

5. 迎送时的手势运用

在迎送旅客时，必要的手势能辅助语言表达语义。在运用手势示意时，要做到"手到眼到"方能奏效。

1）递接手势

当旅客将登记牌递过来时，乘务员应身体前倾，双手轻轻接过登机牌，迅速阅览后交还旅客（图5.12）。

图 5.12　递接手势

"接递式"要求：双手手指并拢，手心向上，用拇指与食指捏住登机牌，身体略前倾，眼随手动；同时，用语言加以说明，交还给旅客时应将文字正面朝向旅客并表示感谢。

2）指示方向

指示方向要五指并拢，手掌与水平面呈45度角，手掌与小臂成一条直线。动作要柔美，流畅，自然大方。

①指示座位号码采用高位手势，同时告知"您的座位号码位于行李架两侧"。如需向旅客介绍服务组件（psu）指示同样如此，指示同时告知旅客"您的阅读灯（呼唤铃、通风孔）在您头顶上方"（图5.13）。

②指示座椅位置采用低位手势，同时协助旅客安放行李，整理桌椅，以便尽快就坐（图5.14）。

图5.13　指示座位号码　　　　　图5.14　指示座椅位置

③指示行李放置采用高位手势，同时告知旅客"请把行李放在行李架上"，同时协助旅客安放行李（图5.15）。

④指示远距离位置采用中位手势，同时告知旅客"卫生间在客舱后部"。目光随之回到旅客脸部，判断其是否明白所指位置（图5.16）。

图4.15　指示行李放置　　　　　图5.16　指示远距离的位置

一、模拟演练

小组呈现旅客登机（表 5.3）。

场景：重庆—北京航班登机模拟，旅客有孕妇、老年人、儿童、要客等旅客乘机。

表 5.3　迎送礼仪规范评价表

评价项目	评价标准	是否做到	评语
迎客准备	①将证件放置于飞行箱中并锁闭飞行箱，将飞行箱放置于指定位置	是　否	
	②整理仪容仪表	是　否	
	③乘务长站于 L1 门，头等舱乘务员在头等舱第一排，其余乘务员在经济舱第一排、紧急出口座位处均匀分布	是　否	
	④45 度面向面对机舱门口，前腹式站姿	是　否	
迎客实施	面带微笑，注视旅客	是　否	
	15 度角鞠躬并进行登机问候	是　否	
	递接登机牌：双手递送登机牌并配合服务用语	是　否	
	按照标准手位指引	是　否	
送客实施	乘务长、头等舱乘务员站于 L1 门，其余乘务员站在所在舱门处或座位一排	是　否	
	乘务长及头等舱乘务员 45 度面向面对客舱旅客走来的方向，其余乘务员面向旅客，前腹式站姿	是　否	
	面带微笑，注视旅客	是　否	
	15 度角鞠躬并进行道别	是　否	

二、案例分析

航班延误的烦恼

某日执行太原—上海航班，原定于 20:40 起飞的航班因航空公司原因延误，旅客在地面长时间等待。00:00，机场响起了登机广播，经过近4小时的等待旅客终于登机了。张先生登机时看到迎客的两位乘务员站在舱门口有说有笑，认为乘务员并不重视旅客，长时间等待耽误了旅客的时间，还能有说有笑，于是张先生进行了投诉。

请问：

1. 张先生为什么投诉？

2. 如果你的乘务员，你会怎么做？

任务三 客舱服务礼仪

1. 知识目标：掌握客舱服务基本礼仪。

2. 技能目标：熟练运用客舱服务礼仪。

3. 素质目标：锻炼履行服务礼仪的意志，贯彻真情服务的理念，培养践行初心的民航人。

在客舱服务中，乘务员的一颦一笑、一举一动都时刻被旅客关注着，良好的仪态能够展示乘务员优雅的气质、专业的能力、良好的素养，可以提升旅客乘机温馨舒适的感受，为航空公司企业形象发挥宣传作用。

一、客舱服务中仪态规范

（一）客舱服务中坐姿规范

1. 女乘务员的坐姿要求

（1）就座时一手打开折叠座椅，一手整理裙摆，平稳入座。

（2）两腿并拢，上体紧靠椅背坐满椅子，小腿与地面垂直，双手叠放于大腿面上。

（3）系好安全带（腰带和肩带）（图 5.17）。

2. 男乘务员的坐姿要求

（1）就座时单手打开折叠座椅，平稳入座。

（2）双外侧与肩同宽坐满椅子，上体紧靠椅背。

（3）入座后两腿间可分开，两膝外侧不可超过肩宽，双手自然放于两腿面上。

（4）系好安全带（腰带和肩带）（图 5.18）。

图 5.17　女乘务员坐姿　　　　图 5.18　男乘务员坐姿

3. 坐姿的注意事项

（1）切忌在座椅上东倒西歪。

（2）不可摇腿、跷脚或将跷二郎腿。

（3）不可大腿并拢，小腿分开，或双手放在下，腿脚不停抖动。

（4）不可过于放松，或在座椅上睡觉。

（5）与旅客交谈时，要坐正。不可摆弄手指，拉衣服，摸头发，抠鼻子、耳朵，这些动作都会影响坐姿的优雅。

图 5.19　客舱引导手势

（6）打开旋转座椅时不可打扰旅客休息。

（二）客舱服务中引导规范

在客舱服务中如需引导旅客要求五指并拢，从身体左侧伸手，切不可从身前摆过而影响旅客通行。大臂与身体成45度角，小臂与地面平行，身体略前倾。目光自然地从旅客转到手指的方向。整个引领过程要面带微笑（图 5.19）。

（三）客舱服务中蹲姿规范

1. 取、收餐盘时的蹲姿

在取、收餐车底部餐盘时，保持站立姿态，面对餐车后退半步，蹲下后双手从餐车底部抽取餐盘，起身，依次送出。收回餐盘时，双手接过旅客餐盘，从上往下依次摆好（图5.20）。

2. 拾取物品的蹲姿

在蹲姿基础上，一手捡取物品，另一只手置于腿上。女乘务员巧妙地将手置于两膝之间。注意：下蹲或起身时，动作不可过大、过猛（图5.21）。

3. 沟通时的蹲姿

如遇要客、老人或儿童等特殊旅客或长时间跟旅客交流时，采取下蹲的姿态，45度面对旅客（图5.22）。

| 图5.20　收、取餐盘蹲姿 | 图5.21　拾取物品的蹲姿 | 图5.22　沟通时蹲姿 |

二、客舱服务中操作规范

（一）行李架的操作规范

行李架操作既是一项服务工作，又是安全检查的重要环节，迎送客时帮助旅客安放或提取行李；飞机起飞、落地前进行安全检查，确保每一个行李架关闭稳妥，防止行李滑落。在操作时展现的不仅是乘务员的仪态，还展现出乘务员对工作认真负责的态度。行李架操作具体要求有以下四点：

（1）旅客登机前经济舱需将行李架打开便于旅客登机后放置，登机过程中需及时整理行李架。打开或关闭行李架时，要求身体面向行李架，用单手臂操作（图5.23），也可以双手进行操作（图5.24）。开关行李架时注意防止行李滑落，手臂上举时姿态优雅，必要时可踮起脚后跟来增加身体的高度，开关行李架时，动作要轻，不能用力过猛，以免发出巨大声响惊吓到旅客。

图 5.23　单手操作行李架　　　　　图 5.24　双手操作行李架

（2）为旅客放置和提取行李时，身体面向行李架，双手托举或取下物品时注意护住行李防止滑落。旅客行李需轻拿轻放，正面朝上，摆放整齐。

（3）进行客舱安全检查时，可采用单臂侧身检查行李架，在检查行李架是否关牢时，不可左右臂伸展，同时检查两边行李架。

（4）手臂上举时乘务员要注意衣服的下摆，避免露出腹部。

（二）门帘的操作规范

（1）展开门帘时，身体45度角面对门帘站立，解扣，单手臂上举拉住门帘上方，轻轻展开（图5.25）。

（2）收起门帘时，身体45度角面对门帘站立，单手臂上举拉住门帘上方，轻轻收起，扣好（图5.26）。

（三）毛毯的服务规范

每个航班运行中都有配置毛毯，提供给有需求的旅客，在旅客登机时毛毯通常会与报刊一起放置在经济舱第一排（图5.27），供有需求的旅客自行取拿。在飞机平飞以后，乘务员会在客舱进行发放，发放时将毛毯折叠整齐，平整的一侧面向旅客，左手托住毛毯，右手放于毛毯侧面（图5.28），每次不得超过3条毛毯。旅客交还的毛毯需在服务间叠好，摆放于行李架内或报刊旁的毛毯必须整齐、干净。服务过程中优先询问特殊旅客是否需要毛毯，主动询问旅客是否需要关闭通风口，毛毯发放完毕要给旅客做好解释工作。"请问需要毛毯吗？需要帮您关闭通风口吗？""抱歉，毛毯已发放完毕，我帮您调节一下通风口可以吗？"

图 5.25　展开门帘操作

图 5.26　收起门帘操作

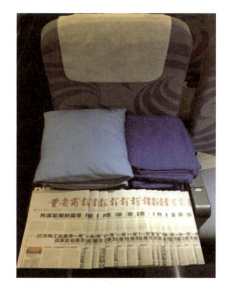

图 5.27　登机阶段毛毯放置

图 5.28　毛毯服务

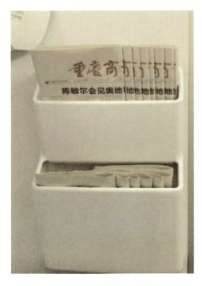

图 5.29　报刊架放置

（四）报刊服务规范

报刊服务是客舱服务中必要的环节，能够满足不同旅客的乘机需求。飞行中报刊杂志服务一般有旅客自行取拿及乘务员发放两种方式。

1. 报刊摆放规范

在登机阶段报刊放置于经济舱第一排，在报刊架内也应放置报刊供旅客取拿。放置时报刊面向旅客，报纸刊头向上朝外进行放置（图 5.29）。

2. 手持报刊规范

手持报纸时，将每份报纸折叠后整齐放好，相同的报纸放在一起，不同的报纸应将刊头露出依次层叠。左手四指并拢，掌心向上托住报纸底部，拇指放于内侧，手臂微微弯曲，报刊的摆放高度基本与旅客视线平行，右手扶在报纸杂志的右上角，报纸呈 45 度角面向旅客，方便旅客选择。

3. 报刊递送规范

乘务员应侧身 45 度角面向旅客站立，身体微向前倾，面带微笑，与旅客有目光交流，将报纸杂志展示给旅客并礼貌询问："我们为您准备了 ×× 报、×× 报…请问您需要哪一种？"

取报纸杂志时，若是最外侧的直接取出，若是内侧的应用右手的拇指和食指捏住报纸的一边，沿着边缘至斜上角将其取出。将报纸杂志递给旅客时应用右手，拇指在上，四指并拢在下，刊头在上对着旅客。送出后可根据当时情况询问旅客是否需要打开阅读灯（图 5.30）。

若旅客需要的报纸杂志已发放完，应向旅客致歉并提供其他选择："对不起，暂时没有您需要的报纸了，您看这些杂志里有您想看的吗？"或记下旅客座位号，待其他旅客阅读完后为其送来："对不起，暂时没有这份报纸了，等其他旅客看完后我马上给送

图 5.30　报刊发放

一份来，您看可以吗？"

三、客舱服务巡视规范

客舱巡视一般在完成了餐饮服务程序后或遇地面等待时需要进行。客舱巡视主要有三个目的，一是乘务员在客舱内巡视客舱状态，判断是否有安全隐患；二是通过细微的动作和亲切的微笑，体现细致周到而又个性化的服务；三是及时整理卫生间及补充用品，保持客舱舒适的环境和卫生间内的整洁。

（一）客舱巡视体态

（1）客舱巡视时不应该打扰过道两侧的旅客。

（2）在基本走姿的基础上，保持二度微笑，轻缓迈步。

（3）巡视时，脚步要轻、稳、慢，两脚的后脚跟走在一条直线上。

（二）客舱巡视手位

（1）女乘务员双手微握拳提到腰间，大小臂的角度略大于90度，大臂自然地贴附在身体两侧，握拳的双手与脐部平行大约有一拳距离。肘关节不可拧起，避免碰到旅客（图5.31）。

（2）男乘务员双臂自然下垂或一只手放在身体的后部，避免肘关节外翻而碰到旅客。行走时自然垂放的手臂摆动幅度很小，步伐要轻、稳、慢。

（三）客舱巡视目光运用

（1）关注的范围在左右两侧座位的1—5排为宜；以正视的目光与旅客交流，如遇与旅客目光接触需微笑点头向旅客表示礼貌的问候。

图5.31 客舱巡视姿态

（2）在飞机起降时，乘务员进行客舱安全检查巡视客舱时，要面带微笑，目光自然，由左向右、由上至下地检查旅客的安全带、小桌板、座椅靠背、行李箱等。

图 5.32　客舱交汇

（四）客舱巡视步伐

女乘务员步幅大小以 30 厘米为宜，男乘务员步幅大小以 40 厘米为宜；步伐要轻盈，步幅要稳，不能急促，切勿跑步。

（五）客舱巡视交汇点

与同组成员在客舱通道交汇时，先向对方点头示意，然后以背靠背的方式通过，手的姿态不变（图 5.32）。

与旅客在客舱通道交汇时，先向对方点头示意，然后侧身示意让旅客先行通过。

四、客舱服务中对客交流仪态

与旅客面对面进行沟通时，重要的是给旅客的一种感觉，体现随时愿意为旅客服务的身体语言的传递。对客仪态应选择身体前倾的姿势 45 度角，面对旅客，目光交流、认真倾听（图 5.33）。为要客、老人或儿童等特殊旅客服务或长时间交流时，采取下蹲的姿态，45 度角仰视旅客（图 5.34）。

图 5.33　前倾式对客交流

图 5.34　下蹲式对客交流

五、客舱服务餐饮服务规范

（一）托盘适用规范

　　端托盘时，将托盘纵向放于身体前面，高度在腰部的位置，大臂与小臂呈90度角，拇指放于托盘外侧，四指并于托盘底部，保持仪态，自然行走（图5.35）。

　　手持空托盘时，拇指置于托盘的盘面，四指并拢于托盘底部，将托盘盘面朝向身体内侧，与地面垂直，自然放置于身体一侧（图5.36）。

图 5.35　端托盘姿态

图 5.36　手持空托盘姿态

（二）倒水操作规范

　　倒水时，身体略微前倾，手臂紧贴身体，左手握水杯中下部，右手持壶，右脚后撤一步，侧身将壶口对客舱通道将水倒至7分满，儿童旅客倒5分满（图5.37）。

　　面向旅客，先里后外，先女士后男士，先右后左送出饮料，递送时掌心面向旅客，禁止从旅客头上或背后递送，有航徽或文字，应面向旅客，双手为旅客奉上并配合语言："您好，这是您的饮料，请您慢用！"（图5.38）。

（三）餐车使用规范

　　推餐车时，站在距离餐车30厘米处双手扶在餐车两段外侧，控制好方向，上身挺直，上臂与小臂呈90度角，动作轻缓，注意不要碰到旅客的脚、膝盖和两侧座椅扶手，

同时对容易碰触到的旅客进行语言提醒（图 5.39）。

拉餐车时，站在距离餐车 30 厘米处，双拉住餐车上部扶手，上身挺直，上臂与小臂呈 90 度角，向后倒退（图 5.40）。

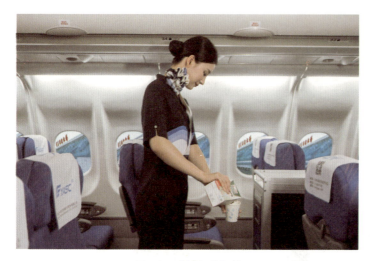

图 5.37　倒水操作规范

图 5.38　递送饮料操作规范

图 5.39　推餐车

图 5.40　拉餐车

任务实施

一、模拟演练

1. 以小组为单位，运用客舱服务礼仪设计一个客舱服务场景，梳理标准规范填写在评价标准处。

2.根据其服务礼仪规范，对这个服务场景进行实操演练（表5.4）。

表 5.4　客舱服务场景礼仪规范评价表

评价项目	评价标准	是否做到	评语
服务场景（　　　）	①	是　　否	
	②	是　　否	
	③	是　　否	
	④	是　　否	
	⑤	是　　否	

二、案例分析

真情服务获点赞

乘务员小梁在客舱里经常会遇见许多独自乘机的老人，有的带着大袋小袋的特产前往自己的子女家，有的上机之后左顾右盼不知道自己的座位在哪儿，有的这辈子也许就坐这一次飞机……每次遇见这样的老人，她都会主动帮助安放好行李，指引他们到自己的座位，然后陪伴他们说说话，消除他们心里的不安和紧张。落地后她总会主动与地服人员交接，并与老人们的家属联系，告知老人已经安全抵达。有一次，一位老太太乘坐公司航班从重庆去甘肃敦煌，小梁发现老太太一个人独行并且表情紧张，立马上前帮忙："奶奶您好！我是本次航班乘务员，您可以叫我小梁，我帮您看看登机牌，请跟我来我带您去座位上。"小梁拉着老太太的手走到座位前，帮老太太放置了行李后蹲下来，对老太太说："奶奶，您的包我帮您放在头顶上方行李架了，您不用担心。"小梁拉着奶奶的手摸了摸服务组键说："这是呼唤铃，您要找我的时候就按一下，我就过来了。"她还告知旁边旅客，让其在老太太需要帮助的时候帮忙叫一下她。飞行过程中小梁也特别照顾老太太，经过细聊发现原来老太太是去甘肃女儿家，这是老太太第一次乘坐飞机。"当时老人非常不自在，我就在飞行中常去跟老人聊天。下飞机后，我就用自己的手机帮她联系女儿。"旁边的旅客看到小梁的行为也连连点赞："老太太不常出远门，坐飞机比较紧张的老人，乘务员经常蹲在老人面前跟老太太聊天，老太太就把这位乘务员当亲人一般，民航服务就应该是标准化的服务同时也兼具个性化的需求，民航满意度测评我一定给好评，真情服务才能温暖旅客。"

请问：

1. 请问这位乘务员哪些行为为航空公司满意度测评提供了积极作用？

2. 请讨论学习民航客舱服务礼仪的意义。

>>> >>> 模块六

民航服务人员
语言沟通礼仪

模块介绍

语言是人类表达思想、传递信息的工具，"作为一种感人的力量，语言的真正美，产生于言辞的准确、明晰和动听"。民航服务需要营造一个和谐的服务环境和良好的社会环境，服务人员的语言沟通能力不仅体现了良好的职业素养、专业的职业技能还传递了真情服务的理念。

本项目采用案例分析和情景模拟的方式对民航服务语言沟通技巧、旅客投诉心理、投诉处理礼仪进行学习。提高对服务沟通的理解和实践，培养服务意识，锻炼沟通表达能力，善思民航服务工作中的语言艺术，提升客我人际关系的处理技巧。

思维导图

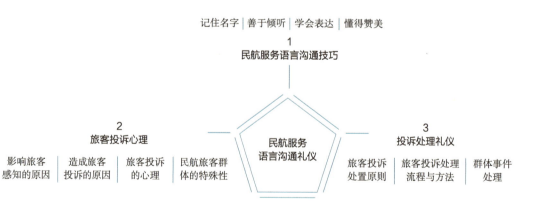

模块导入

> ### 让我记住你
>
> 1.将学生进行分组，并在小组内分享以下信息：姓名、爱好、假期准备完成的一件事情。
>
> 2.一位同学起头分享三个关于自己的信息，请下一位同学同前一位同学一样分享三个关于自己的信息。
>
> 3.请小组回忆每个同学所分享的信息内容。
>
> 4.看看谁复述最全面。
>
> 思考：
>
> 1.请问其他同学在分享信息的时候你在做什么？
>
> 2.影响你复述的信息不正确的原因是什么？
>
>
> 沟通是一种相互作用，沟通的相互作用不仅包括身体方面，也包括心理方面，如印象是在沟通参与者的头脑中形成的，人们对另一个人的所思所想直接影响他们的沟通。相互作用的沟通包括三个重要的原理：一是进行沟通的人连续同步地发出信息；二是沟通事件有过去、现在和未来；三是沟通的参与者扮演相应的角色。
>
> 为了达到有效沟通的目的，在沟通的过程中，要掌握好沟通的原理，同时也要在沟通过程中遵循诚信、明确、适当、完整、互动的原则。
>
> "沟"是手段，是方法；"通"是目的，是结果。有效的沟通，是在适当的时候，向确定的人，传达正确的信息，对方理解后作出期望中的回应。打个电话、发个传真、写封邮件也是沟通，但是如果对方并没有接受你的信息，那沟通还是无效的、失败的。由于沟通双方在立场、角度、观点等方面的不同，对同一事件、问题的看法肯定有差异，因此在民航服务工作中如何进行良好的沟通是非常必要的。不仅要跟旅客沟通，同时也要跟领导、同事沟通，不仅是对工作进行沟通，同时也要对思想观点进行沟通，这样才能减少误会，服务好旅客，达到沟通的最佳效果。

任务一　民航服务语言沟通技巧

1.知识目标：了解民航服务礼仪与沟通的意义，掌握民航服务中沟通的基本技巧。

2.技能目标：能在民航服务工作中准确、灵活地使用沟通技巧。

3.素质目标：能够不断思考在民航服务工作中的语言艺术，增强自我沟通能力，在服务工作中善于处理人际关系，不断提升服务工作中的客户优质体验。

沟通是一种自然形成的、必须的、无所不在的活动，通过有效沟通，可以交流信息并获得感情与思想。在民航服务工作中，良好的沟通能力是作为民航人必不可少的一项技能，不仅能满足彼此交流的需要，更能使双方达成共识，降低工作的代理成本，提高办事效率。

为了更好地进行工作交流，可以从以下四个方面提升沟通能力。

一、记住名字

在服务工作中，一般情况下以"先生""女士"等泛称呼来称呼旅客。作为重要旅客需要记住对方的姓名，在泛称呼前加上姓氏"张先生""王女士"，可以增加亲切感，减少距离感。同时使服务工作得到专业的认可。

二、善于倾听

倾听旅客的合理诉求：倾听，就是细心地听取，不仅用耳朵听，还要调动全身的感觉器官，用耳朵、眼睛、心灵一起去"倾听"。

倾听是赢得信任和尊重最行之有效的方法。因为专注地倾听别人讲话，表示倾听者对讲话人的看法很重视，能使对方对你产生信赖和好感，使讲话者形成愉悦、宽容的心理。

（一）倾听四个技巧

1. 鼓励

促进对方表达的意愿。"你说得真对，我也这样想……"。

2. 询问

以探索方式获得更多对方的信息资料。"真的吗？具体是怎么样的？"

3. 反应

告诉对方你在听，同时确定你完全了解对方的意思。"哦，原来是这样……"。

4. 复述

用于讨论结束时，确定没有误解对方的意思。"你是说……，我明白了"。

（二）如何运用倾听

1. 学会"停、看、听"

停：暂停手中的工作，注视对方，提供旅客表达感受的时间和空间。

看：仔细观察旅客沟通时的非语言行为表现。

听：听的同时思考旅客说了什么。

2. 了解话中隐含的意义

"乘务员，你好，我有点冷……"这时的旅客可能想要一张毛毯，也可能想要喝一杯温热水，还可能需要你协助调试一下通风口的方向等。作为乘务员，我们要关注旅客的话语中所反映的、符合当时场景的感受，从而更好地判断话语中隐含的意义。

三、学会表达

（一）语言表达

语言是服务的重要工具，是沟通的最基本的手段。服务过程中语言的运用，既体现服务人员个人的水准，又代表着航空公司的精神面貌，甚至影响着整个中国民航业的发展状况。可以说语言交际的成败，直接影响着客舱服务的成败。

民航服务人员语言运用的基本原则是：

谈吐文雅，清楚明确；

用词简洁，通俗活泼；

语调亲切，语速平稳；

语句流畅，合乎规范；

称呼恰当，适用尊称；

方式委婉、状态热情；

语言标准，发音清晰。

（二）非语言表达

非语言表达中较为常用的是体态语言，是通过表情、举止、神态、姿势等象征性体态来表达意义的一种沟通手段。

在服务过程中，民航服务人员要注意微笑、目光交流、手势姿势等细节。因为温和的表情、适当的目光交流、得体的举止和姿态会增加对方的信任感和亲切感，而微笑和认真倾听的神态则会让对方感到受重视和关怀。眼睛是心灵的窗户，是传递信息有效的途径和方式。目光交流，既能捕捉自己所需的信息，又能引起对方的注意。

四、懂得赞美

真诚而有效的赞美不仅能拉近与旅客的关系，更能使工作更好地开展。

（一）直言赞美法

直言对对方的赞美，这是人们用得最多的方法。常旅客："王女士，今天您的气色真好。"一句平常的体贴话，一句出自内心的由衷赞美，会让人一天精神愉悦，信心倍增。

（二）肯定赞美法

肯定式的赞美使对方得到心理满足，例如，旅客协助你放置行李，可以对他说"先生，谢谢您的帮助，使我轻松了很多，祝您旅途愉快……"

（三）意外赞美法

出乎意料的赞美，会令人惊喜，因为赞美的内容出乎对方意料，会大大引起对方的好感。例如，在服务一位旅客时，刚好近距离看到了对方的头发，可赞美："真希望我也有你这样美丽的头发"等。

 任务实施

一、训练项目

角色扮演之"你怎么了"

活动目的：

模拟一场沟通过程，了解沟通的基本步骤。

活动程序：

1. 场地不限，每组 10 分钟。

2. 每组 2 人，根据所提供的情景，分别进行角色扮演，进行一次完整的沟通。

3. 情景说明：

（1）A 是一位飞机已经延误的旅客，心情比较烦躁，于是找到了地面服务人员询问，此时你会如何和他沟通？

（2）B 是一位老年旅客，他第一次坐飞机，想找空乘人员了解一下情况，你作为乘务员，你会如何和这位旅客沟通？

二、案例思考

超飞行时限引发惊魂

——国航空客遭意大利战机拦截

一架来自上海的波音 747 民航客机，当地时间 21 日在意大利上空引发恐怖袭击惊魂，意大利空军急派两架 F16 战机升空拦截。有消息说，可能是由于信号错误才导致了这一误会的发生。

据了解，中国国际航空公司的客机当时正从上海飞往意大利米兰。飞机因为误点，在进入意大利上空时已超过原先许可的飞行时限，但没有通知意大利当局。当地空军因不知情而派出战机拦截。

一名意大利空军新闻官说："两架第五中队 F16 战机接到空军命令，从切塞纳起飞，追查一架未获飞行许可的飞机。"当时这架国航 747 客机正飞越阿尔卑斯山脉，两架战机飞近客机后，证实它是因误点导致许可证过期，便批准它继续飞行，战机随即返回基地。

这名新闻官员还说："客机原本获投权要在周四午夜前进入意大利领空，却在9小时后才飞越意大利东北部的博尔扎诺，因此受到拦截。事件已被证实纯粹是授权问题。"客机最终在目的地——米兰的马尔彭萨机场安全降落。

但也有消息说，这一误会的发生可能是意方发出的错误信号所致。

上海浦东国际机场指挥处副处长陈江表示："这是属于空中指挥问题，一般遇到这种情况应把客机引到地面再做进一步调查。"

记者23日上午就此事件再次致电浦东机场指挥处和华东空管局，有关人士向记者证实，周四下午确实有从上海出发的国航班机起飞时间延误，但他们只确认了此机在中国境内的延误，至于在意大利领空的情况，目前还不甚清楚。另外，截至发稿，记者始终无法与国航上海和北京方面的有关机构联系上。

资料来源：《新明晚报》

思考：你认为是什么原因造成的这次国航客机遭遇意大利战机拦截呢？

三、相关讨论

1. 在沟通中，你的目标明确吗？

2. 在沟通中，你能围绕目标正确完整阐述自己的观点吗？

3. 沟通中出现的异议你能处理好，最后达成一致意见吗？

4. 请分析在沟通中出现障碍的原因。

5. 以乘务组为单位，制作关于"民航服务语言沟通技巧"的思维导图。

任务二　旅客投诉心理

1.知识目标：掌握影响旅客感知的因素，掌握旅客投诉的心理，掌握民航旅客群体的特殊性，掌握旅客心理对民航服务的意义及重要性。

2.技能目标：掌握心理上的认知与行为上的联系，提供个性、细致的真情服务。

3.素质目标：培养换位思考能力，提升民航服务品质。

在航空公司与旅客的服务交往中，旅客乘机虽然是机场服务、安检服务、候机服务、机上服务等一系列服务交往的过程，但服务交往时间最长、感受最深刻、品质要求最高的是机上服务。人的心理活动往往起源于感知，旅客对客舱服务的感知取决于自身心理、服务环境、服务人员的因素。

一、影响旅客感知的原因

（一）自身心理

（1）旅客的需求与动机，航班运行中，商务型、学生型、度假型旅客具有不同的需求与动机，他们对于服务感知的范围、具体的对象及整体的印象是多种多样的，例如商务型旅客更看重航班的正点率、学生型旅客更看重航班的票价，度假型旅客更看重服务的品质。

（2）在航班选择上，旅客往往会因为乘坐某航司的航班形成的良好印象，促使他今后乘坐飞机时会优先选择该航司，此外，有人向他推荐或极力称赞某航司，也会影响他的选择。

（二）服务环境

旅客进入客舱后身体感受最明显的就是客舱环境，航班运行中的室内温度及声响都会对旅客情绪产生影响。室内温度过高会使人分散注意力、心烦、产生急躁情绪，如果听觉超过 140 分贝，就会产生令人不舒服的触压觉和痛觉，温度和音量都影响旅客的感知。

（三）服务人员

（1）乘务员的仪表特征。在服务交往中，旅客首先看到的是乘务员仪容仪表，这些鲜明的外表特征成为旅客的感知对象，形成对乘务员的初步印象。

（2）乘务员的仪态特征。身体语言是心理活动的外在表现，是感知他人心理状态的客观指标，乘务员的表情、体态是旅客了解乘务员情绪、心境、服务态度的重要途径，会给旅客留下深刻的印象。

（3）乘务员的语言能力。语言是表达情绪情感的工具，也是客我交往中感知他人的重要途径，旅客通过乘务员的语言来感知乘务员的服务态度、情绪表达等，语言表达比仪表仪态更清晰、明朗。因此，客我交流时尤其要注意用词的准确性、表达的清晰性。

二、造成旅客投诉的原因

旅客的抱怨和投诉原因，涉及因素较多，如对旅客不尊重、态度不好、工作不负责、服务环境差、设施不配套、服务项目种类少等，但大致可分为客观原因和主观原因两类。

（一）客观原因

客观原因一般是指非航空责任。例如：旅客在明知飞机晚点是因为自然灾害造成的，同样会产生急躁、发火等心理变化，并会在语言上、行为上有所表现。另外，由于焦急等待会在心理上产生时间上的错觉等。

（二）主观原因

在投诉中，更多的是主观原因引起的投诉，主要集中在服务质量、服务态度、服务方式、服务技巧等方面。比如：服务人员不尊重旅客，对旅客不主动、不热情，用语言冲撞旅客，服务不周到，卫生工作马虎等。

三、旅客投诉的心理

投诉既是旅客在接受服务过程中认为未满足其要求进行反馈的行为，也是旅客在接受服务过程中的"求助"行为，其目的是希望解决当下的问题，获得精神安慰及传达对于服务期望的过程，旅客投诉心理如下：

1. 求尊重心理

随着文化素养的提升及知识信息的增长，现在旅客对尊重的要求越来越高，当服务与预期形成差距时旅客就会产生没有被重视被尊重的感觉。

2. 求倾诉心理

被倾听表面是将事情说清楚，其深层次内涵是旅客利用投诉的机会把自己的不满倾诉出来，以维持其心理上的平衡。

3. 求解决心理

旅客投诉其根本原因是欲望引起的需求动机未得以满足，通过投诉希望自己的问题能够得到快速解决，甚至希望因既定的需求没有第一时间满足而产生的其他需求也能得以解决。

4. 求补偿心理

补偿是关爱、尊重的物质表现形式，旅客投诉是希望自己在精神上和物质上的损失能得到补偿。

5. 信息需求心理

航班信息需求满足与否往往是矛盾的焦点与激化的起源，在航班不正常的情况下，旅客对航班信息的渴望与需求的紧迫性，演变成为主要的心理需求。

四、民航旅客群体的特殊性

在民航服务中，如果航班运行正常，旅客是一个个独立的个体，相互之间没有联系。但当服务出现问题或航班运行不正常时，原本独立的个体就会形成一个群体。

1. 心理上的认知性

一旦民航旅客形成群体以后，由于共同的需要，每一个旅客都意识到其他成员的存在，也意识到自己是该群体的一员，大家都有"我们是同一群体"的心理感受。

2. 行为上的联系性

旅客群体成员由于维护自己的权益，在行为上必然相互影响、相互作用、相互补充，组成完整的行为系统，形成统一行为。

3. 利益的依存性

由于同一个航班旅客形成共同的利益，个体利益演变成群体利益。同样的目标使旅客团结一致。

一、案例分析

在某航班上，乘务员发现一对夫妇带着一个两岁多的小孩儿，坐在机翼应急出口处，便马上走过去："女士您好，由于应急出口座位的旅客，需要在紧急情况发生时，承担打开应急出口和协助撤离旅客的重任，所以小朋友不能坐于紧急出口座位，我帮你们调换一个座位可以吗？"该旅客回复说："我是民航总局的，这个位置是我特意要求地面安排的。"说着他将工作证拿了出来，乘务员说："女士，作为民航局的工作人员，您更应该遵守紧急出口的规定。"旅客立马红脸，大声呵斥："我要投诉！"

请问：

1. 请问旅客投诉的原因是什么？

2. 请分析旅客投诉的心理？

二、模拟演练

根据上述案例，如果你是这名乘务员，你会如何处理（表6.1）？

表 6.1　投诉处理评价表

评价项目	评价标准	是否做到	评语
投诉处理	①倾听旅客描述，平息情绪	是　否	
	②分析投诉原因，换位思考	是　否	
	③坚持原则，做好解释	是　否	

任务三　投诉处理礼仪

1. 知识目标：掌握旅客投诉的处理原则。

2. 技能目标：运用旅客投诉处理方法化解客舱投诉事件。

3. 素质目标：增强民航服务意识，提高对客沟通能力。

相关知识

处理旅客投诉是一项系统而复杂的工程，在处理过程中遵循掌握事件过程，了解旅客心理，安抚旅客情绪，寻求解决办法及事后跟进措施的标准，利用自身积累的经验，根据现场发生的状况有条理地应对是乘务员在航班运行中必备的技能。

一、旅客投诉处置原则

（一）耐心倾听，认真记录

旅客对问题的描述是我们了解旅客投诉原因、掌握事件真相及旅客心理最直接的方式，耐心倾听旅客的抱怨其目的有两个：一是使旅客投诉的怨气得以发泄；二是得到事情的真相，了解旅客的心理。同时我们需要认真记录投诉信息，记录信息既是我们非常重视旅客投诉的表现，也是梳理投诉事实的过程，准确无误记录便于后续正确地反馈投诉（图6.1）。

（二）安抚情绪，平息心情

安抚情绪，平息心情是投诉处理的重要环节，不仅能使投诉问题顺利解决，还能使旅客对航司留下良好的印象。乘务员在处理投诉时需要管理好自己情绪，注重内在的、潜移默化的、无言传递影响。安抚情绪是有非常强的指向性的，目的是处理好情绪利于问题的解决（图6.2）。

图 6.1　倾听记录

图 6.2　安抚情绪

（三）将心比心，换位思考

处理投诉时通过语言表达同理心是平息旅客情绪，达成共识的重要步骤，通过旅客描述问题或事件经过的表情帮助确定、证实问题的真相，对事件过程的回应以及理解是对旅客最大的尊重，处置过程将心比心，是换位思考的关键。

（四）迅速处理，及时反馈

在理清事实的基础上，对事情进行责任划分，在本岗位可以进行处理的范围内尽快处理，如本岗位无法处理，迅速上报，尽最大努力为旅客解决问题。

二、旅客投诉处理流程与方法

案例一：

行李箱的赔偿

某日北京首都机场大厅接到了旅客的投诉反馈，旅客表示在候机楼看到托运行李箱被扔到传送带上，对操作员的行为非常不满意，从意大利回北京的航班落地以后取到的行李箱出现损坏，想到操作员扔行李的行为，旅客认为是行李被扔到传送带才损坏的，要求公司赔偿（表 6.2）。

表 6.2　旅客投诉处理流程与方法表 I

处理流程	服务行为	服务语言
记录投诉内容	认真倾听旅客的反馈并进行记录向旅客表示歉意	"张先生，您好！我已记录下您的反馈，你的行李有损坏我们感到非常抱歉。"
判断是否成立	旅客行李损坏为事实，根据相关规定进行处理	"行李运输失误我们一定为您解决，请您看看除行李损坏意外有没有其他物品的遗失"
分析旅客心理	分析旅客需求，根据规定进行赔偿	"根据相关规定我们将进行现金理赔，稍后我将发送信息给您，请您提供相关资料以便我们进行处理，再次向您表示歉意。"
实时反馈处理总结反思	向公司上报投诉，提示相关岗位进行学习	

案例二：

遗漏的特殊餐食

某日，新西兰飞往上海的航班上张先生预订了一份素食餐，但航班上乘务员并未收到预订信息，于是航前上餐时也没有准备素食，飞机平飞后张先生向乘务员询问素食情况，乘务员回复："抱歉先生，我们并未收到特殊餐食预定的通知，请问您确定预订了吗？"旅客回复："我打电话预订了呀？现在是没有给我准备吗？"乘务员表示的确没收到预订信息，所以这个责任也不在乘务员。于是张先生提出投诉（表 6.3）。

表 6.3　旅客投诉处理流程与方法表 II

处理流程	服务行为	服务语言
记录投诉内容	向旅客表示歉意并找到未接收到特殊餐食的原因并记录。	"您好！张先生，由于某环节的失误我们未接收到预定信息所以没能准备到您想要的餐食，实在抱歉" "为了防止这样的失误再次发生想了解一下您的预订渠道，请问您方便告知我们吗？"

续表

处理流程	服务行为	服务语言
判断是否成立 分析投诉原因	判断投诉的职责部门	"张先生，根据您的描述，是客服在记录的过程中出现失误，抱歉给您不好的体验。"
制订处理方案	在航班里寻找弥补措施	"张先生，我们航班里有水果及素菜的配置，我们为您准备好了，希望您能喜欢。"
落实反馈处理	及时反馈，全员学习	"张先生，今天给您不好的体验，我们深表歉意，我们也将今天的事情进行上报，全员学习以备后续不再发生。"

三、群体事件处置

隔离人群并了解原因	寻求解决办法	及时处理及上报
1 找准并隔离带头人	1 判断是否成立	1 职责范围内立马处理
2 隔离带头人	1 寻求共识方案	2 职责范围外说明原因并及时上报
3 了解投诉原因		
4 掌握投诉心理		

案例：

瘫痪的机场

受持续特强降雪天气的影响，某机场超过 200 架次航班延误和被迫取消，旅客滞留机场 7 小时，旅客围堵在登机口询问航班情况，有旅客问道："都 7 个小时了，什么时候可以飞呀？有人管没呀？"地服人员也因航班延误旅客大面积滞留精疲力尽，回复道："我也没有办法啊，你们找我没用。"此时的回复引起了许多旅客的不满，旅客喊道："不找你我找谁啊？延误那么长时间也不说个理赔，谁的时间不重要啊？"其他旅客纷纷都吵了起来（表 6.4）。

表 6.4　旅客投诉处理流程与方法表 III

处理流程	服务行为	服务语言
找准带头人 隔离带头人	将带头人引导至单独进行沟通 安抚其他旅客情绪	"x 先生，您消消气，请您这边休息，喝点水，因为大雪天气航班无法起飞我们同样着急，但是从安全角度考虑，请您理解。"

续表

处理流程	服务行为	服务语言
寻求解决措施	确认旅客的诉求 说明理赔规则 反馈旅客诉求	"非常理解因为航班延误耽误大家的时间，我也非常认可大家的时间都很珍贵，提出的理赔的诉求根据相关规定，因天气原因延误我只能将大家的诉求向上反馈的。"
事后的跟进措施及延伸服务	让旅客感知到服务的诚意与态度 后续再次跟进是否有处理回访	"大家的诉求我们都已经记录和反馈了，后续有相关部门跟大家联系，请大家放心，一定会跟进落实。"

一、案例分析

由珠海前往常州的航班，由于雷暴天气导致航班延误，旅客在地面等待，3 小时后，天气好转，机长通知可以登机，乘务长迅速做好迎客准备，旅客经过长时间的等待疲惫地上了飞机，一切准备工作就绪，飞机滑出，滑行至跑道头突然天降暴雨，飞机只能在地面继续等待，等待 40 分钟后，乘务长考虑到旅客未用晚餐，便开始了餐饮服务，但由于餐食种类配置有限，有旅客未能得到心仪的种类。航班持续延误，有旅客提出："什么时候可以飞啊？"乘务员立马走上前回复："先生，抱歉，因为天气原因航班无法起飞，请您先休息一下，天气好转我们就能走了。""等等等，都等 5 个多小时了，还要等？吃也吃不好，睡也睡不好，我们的时间没有成本，用之不尽取之不竭，是吗？"这时客舱里旅客都跟着附和："是呀，什么航空公司呀？不能飞，放我们下去，要不然就赔钱。"

请问：

1. 旅客投诉的原因。

2. 旅客投诉的心理。

3. 面对此场景，作为乘务员您应该怎么做？

二、模拟演练

请以小组为单位梳理处理流程并模拟演练投诉事件的处置过程（表6.5）。

6.5　旅客投诉处理评价表

评价项目	评价标准	是否做到	评语
投诉处理		是　否	
		是　否	
		是　否	
		是　否	
		是　否	
		是　否	
		是　否	

>>> >>> 模块七

主要客源国礼仪
礼俗与禁忌

模块介绍

　　随着国际航空运输业的不断发展，世界各国的政治、经济、社会文化交往日益频繁，国际航线日益增多。以中国国际航空股份有限公司（以下简称"国航"）、中国南方航空集团有限公司（以下简称"南航"）和中国东方航空集团有限公司（以下简称"东航"）为代表的中国三大航空公司为例，截至目前开设的国际航线分别有国航71条、南航50条、东航42条；这些航线主要飞往亚洲的泰国、新加坡、阿联酋、日本、韩国、印度，欧洲的英国、法国、德国、意大利、俄罗斯，美洲的美国、加拿大、巴西，大洋洲的澳大利亚、新西兰，非洲的埃及、南非等国家。而不同国家因文化背景的差异，礼仪礼俗、禁忌也大不相同，所以作为一名民航服务人员，应该了解主要客源国的礼仪礼俗、饮食习惯、禁忌等，以避免理解失误，造成服务失败。要尊重其习俗禁忌，以便于开展优质的客舱服务、展现良好的职业素养、维护国家和民航业的良好声誉。

　　本模块主要根据我国三大航空公司在亚洲、欧洲、美洲、大洋洲和非洲开设的国际航线，通过对其客源国的礼仪礼俗、饮食习惯、禁忌的学习，尊重其习俗文化，更好地进行对客服务。

思维导图

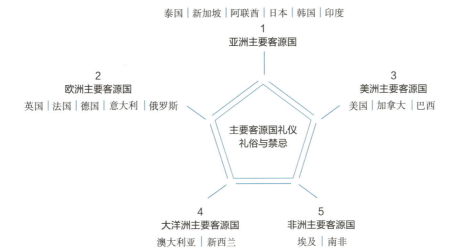

泰国｜新加坡｜阿联酋｜日本｜韩国｜印度

1
亚洲主要客源国

2
欧洲主要客源国
英国｜法国｜德国｜意大利｜俄罗斯

3
美洲主要客源国
美国｜加拿大｜巴西

主要客源国礼仪
礼俗与禁忌

4
大洋洲主要客源国
澳大利亚｜新西兰

5
非洲主要客源国
埃及｜南非

模块导入

　　某一天，一位泰国游客郑先生结束了在北京的旅途，乘坐某航空公司从北京飞泰国曼谷的航班回家。飞机起飞后不久，郑先生感觉十分口渴想喝水，等飞机刚到达平飞阶段，郑先生立刻按了呼唤铃让客舱乘务员给他倒一杯水。可客舱乘务员在送水时为了方便，用左手将水递给郑先生，郑先生看到客舱乘务员用左手递水时脸色骤变，当即拒绝了客舱乘务员送的水，并在飞行结束后写了一封投诉信投诉了给他送水的客舱乘务员。

　　在泰国和印度等国家的禁忌中，认为左手为不洁之手，是用来拿不洁之物的，左手绝不能用来拿取食物或递物品。该案例中客舱乘务员不了解泰国的禁忌，为了自己的方便用左手给泰国的郑先生递了水，让郑先生觉得不被尊重、触碰了禁忌，进而引发了误会，造成了虽然郑先生很渴但拒绝了客舱乘务员递的水，并投诉了客舱乘务员。

　　可见，在民航对客服务中，了解客源国习俗禁忌，并尊重其习俗文化，将有利于开展民航服务工作。

学习目标

1. 知识目标：了解主要客源国的礼仪礼俗、饮食习惯、禁忌。
2. 能力目标：能够尊重不同客源国的礼仪礼俗、禁忌，开展对客交流与服务。
3. 素质目标：提高礼仪素养，在民航服务中体现中国礼仪之邦的国人风范。

相关知识

一、亚洲主要客源国

（一）泰国

泰国，位于中南半岛中南部，东南临太平洋泰国湾，西南临印度洋安达曼海，总面积 513 000 平方千米；曼谷是泰国的首都；佛教是泰国的国教；泰国官方语言为泰语，英语为通用语。

1. 礼仪礼俗

泰国最常用的见面礼仪是"合十"礼，长辈向晚辈还礼举于胸前，平辈相见时举于鼻下，晚辈向长辈还礼举在前额之下，平民拜见泰王时举过头顶；握手礼只在政府官员、学者、知识分子中盛行，男女之间不行握手礼。泰国与人握手以及接、递东西时都要使用右手。在社交场合，泰国人习惯以"小姐""先生"称呼彼此，不习惯称呼对方的姓，而是习惯称呼对方的名。

头部在传统的佛俗中是最高贵的部位，泰国佛教徒最忌讳别人摸他们的头、抚摸或其他有关接触头部的动作。泰国进庙烧香拜佛或参观时必须衣冠整洁，进入寺庙要摘帽脱鞋；从坐者的面前走过时，要略为躬身，表示礼貌。泰国人的服装比较朴素，在乡村主要为民族服装；男子的传统民族服装叫"绊尾幔"纱笼和"帕农"纱笼。

2. 饮食习惯

泰国人的主食是米饭，受宗教的影响，泰国避免食用大块的肉；泰国菜的特点是酸辣；泰国人使用的餐具是勺子、叉子、筷子；泰国人爱喝啤酒、苏打水和白兰地，饭后有吃苹果、鸭梨的习惯，但不吃香蕉。

3. 禁忌

泰国忌用红色签名或刻字，因为泰国写亡人的姓名用红色，紫色、黑色服装为丧礼服装，忌褐色；泰国不喝热茶，忌食牛肉、海参等；泰国忌讳狗的图案；泰国人吃饭、别人递东西时用右手，以示尊敬，如不得已要用左手时，要先说声"左手，请原谅"；在泰国，只有国王、高僧或父母才能抚摸孩子的头。

（二）新加坡

新加坡，是东南亚的一个岛国，位于马来半岛南端、马六甲海峡出入口，国土面积 733.1 平方千米；新加坡市是新加坡的首都；新加坡主要信奉佛教、伊斯兰教和印度教；马来语为新加坡国语，英语为行政用语。

1. 礼仪礼俗

在社交场合新加坡人与他人多行的见面礼节为握手礼；新加坡华人习惯采用鞠躬或拱手作揖；新加坡马来人习惯采用"摸手礼"。新加坡人站立时体态端正，双手不会放在臀部，他们认为那是发怒的表现；他们坐时端正规矩，双脚并拢，如果双脚要交叉也只是把一只腿的膝盖直接叠放在另一只腿膝盖上。新加坡人对称呼有讲究，他们对学历、资历比较看重，称呼时一般会以职称为后缀。

新加坡人宴请客人一般是吃午饭或晚饭，进屋需要拖鞋，注意鞋底不能朝向对方；与新加坡的印度人或马来人吃饭时，不要用左手。在新加坡，不同民族的新加坡人在日常生活中的穿着打扮往往各具其民族特色；在正式社交场合中，男性一般穿着白色长袖衬衫、打上领带和穿深色西裤，女性则须穿套装或深色长裙。

2. 饮食习惯

新加坡人的主食是米饭，不太喜欢吃面食；新加坡饮食的主要特点是喜欢清淡，偏爱甜味；新加坡华人，喜爱饮茶，对客人通常喜欢以茶相待。

3. 禁忌

新加坡认为数字"4""6""7""13""37""69"为消极数字，尤其忌讳数字"7"；紫、黑色在新加坡被认为不吉利，黑、白、黄为其禁忌色；新加坡人不吃馒头，且因考虑到马来人的习俗忌讳猪制品和图案；在标志上禁止使用象征性标志和宗教词句，忌谈论宗教与政治方面的话题；新加坡人忌说"恭喜发财"，"发财"他们理解为"不义之财"之意，说"恭喜发财"被认为是对他人的侮辱和嘲骂。

（三）阿联酋

阿联酋，位于阿拉伯半岛东部，与伊朗隔海相望，总面积 83 600 平方千米；阿布扎比是阿联酋的首都；阿联酋主要信奉伊斯兰教；官方语言为阿拉伯语。

1. 礼仪礼俗

阿联酋日常见面中同性别本地人间一般行拥抱礼或吻礼，同辈人互吻脸颊，长辈吻晚辈的额头，平民百姓吻酋长或地方长官的右肩，王室成员之间互碰鼻尖；对外国人行握手礼，受伊斯兰教规定，妇女一般不与男性握手，握手时用右手。在阿联酋与当地人交往中，与先生谈话不能主动问及其夫人的情况；与妇女交往只能简单问候，男女之间在公众场合不能有公开的亲密行为。在称呼方面，熟人之间一般可以直呼本人名，比较正式的场合应称呼其全名，对有身份的人，习惯上用他所担任的职务来称呼。

习惯用咖啡敬客，客人要连喝主人敬的三杯咖啡算是礼貌，不停地摇动手中的杯子，代表不想喝了。阿联酋以右为尊，比如进门先迈右脚，吃饭须用右手，接送名片、收送礼品也都要用右手。宴客一般均在外面之餐厅，若是在家里宴客，女主人也多不出面。阿联酋女子的传统服装是身裹长袍、头戴面纱，头发和皮肤不能外露，声音不能让陌生的男子听到；男子通常穿的是长袖、高领、镶里子的外套，戴方形的白色绸缎帽子。

2. 饮食习惯

阿联酋以面食为主食，爱吃甜点心；阿联酋饮食的主要特点是甜、辣；阿联酋用餐时一般席地而坐，吃手抓饭；咖啡和茶是每天必不可少的饮料。

3. 禁忌

阿联酋禁忌粉红、黄、紫色，忌猪、十字架、六角形作图案；忌食猪肉、有贝壳的海鲜和无鳞鱼；去阿拉伯人家做客时，忌送酒类礼品、带有动物形象的东西；送礼时用右手；除在寓所或有住房的饭店可以喝酒外，其他的场所或大街上不许喝酒，忌讳有人用脚掌对着他们，认为脚掌对人是一种侮辱人的动作，在阿联酋不能随意分享新闻照片和视频，不能拍摄当地的办公场所，不能在未经同意的情况下帮别人拍照和录影。

（四）日本

日本，位于太平洋西岸，是一个由东北向西南延伸的弧形岛国，总面积37.8万平方千米；日本是一个有宗教信仰的国家，大多信奉神道教和佛教；日本民族语言为日本语。

1. 礼仪礼俗

日本人通常以鞠躬作为见面礼。日本人初次见面时重视互换名片，认为名片代表一个人，初次见面不带名片，会被认为失礼且不好交往；接到对方名片后，要认真看阅，不加看阅就随手放入口袋，会被视为失礼。日本人对客人、长者、上司讲话都用敬语，否则便被认为是不尊重对方。

日本人时间观念强，约会时要准时到场；在交往中，日本人不相互敬烟、敬酒。日本人拜访他人时要预先约定，拜访时间一般要避开清晨、深夜以及用餐等时间，进入日本式房屋时，要先脱鞋，脱下的鞋的鞋尖向着进来走过的门的方向整齐放好。日本人对穿着很讲究，在隆重的社交场合、结婚、过成人节或节庆日，才穿着国服和服；在正式场合，通常穿西式服装。

2. 饮食习惯

日本人以米饭为主食，日本的饮食精细；用筷子用餐；日本人非常喜欢喝酒。

3. 禁忌

日本忌讳"4""9"等数字，送礼一般送奇数，日本习惯奇数表示"阳""吉"，偶数表示"阴""凶"；日本最忌讳绿色，不喜欢紫色；忌讳客人吃饭一碗就够，不吃肥肉和猪内脏，也有人不吃羊肉和鸭子；讨厌狐、鹳、金眼猫或银眼猫图案，忌讳荷花图案，常人不得使用菊花图案，菊花为皇家专用，忌送夕阳风景国画；日本人合影时忌三人并排合影，认为站在中间是不幸的征兆。

（五）韩国

韩国，位于东亚朝鲜半岛南部，三面环海，总面积约 10.329 万平方千米；首尔是韩国的首都；韩国居民大多信奉基督新教、佛教、天主教；韩国通用语言为韩语。

1. 礼仪礼俗

韩国人见面礼为握手礼，握手时讲究双手或单独使用右手。韩国人在称呼时爱用尊称和敬语，很少直接叫出对方的名字，称呼对方头衔。

韩国人讲究预先约定，遵守时间，进韩国人家里要脱鞋，到韩式食堂进餐也要脱鞋，须穿干净的袜子；入座时，都需盘腿席地而坐，不能将腿伸直，更不能叉开，吃东西时，不能发出太大响声，用餐完毕后筷子应整齐放在餐桌的桌面上。用左手执杯或取酒被认为不礼貌，讲究"右尊左卑"；经长辈允许，晚辈才可向长辈敬酒。韩国传统服装受阴阳五行思想的影响，以白色或浅色为主；韩国服装样式的特点是，无论男女皆为上衣短、裤子或裙子肥大。

2. 饮食习惯

韩国的以米饭、冷面为主；韩国饮食的主要特点是酸和辣；用餐时使用筷子、勺子；

韩国人普遍喜欢饮酒。

3. 禁忌

韩国忌讳数字"4""13"、双数，认为"4"是不吉利的，所以军队里没有第四师等；在韩国，拒喝别人的酒是不礼貌的行为，吃饭时不能把菜盘吃光，吃光菜盘意味主人准备不充分；跟韩国人一起吃饭时不可端起器皿、不大声说话，咀嚼声音小，不可以捧着碗吃；和韩国人交谈时，要避免谈论有关社会政治等话题；受儒教影响较深，仍讲究"重男轻女"；韩国立法在公共场所全面禁烟，吸烟须到指定地点。

（六）印度

印度，位于南亚，是南亚次大陆最大国家，国土约 298 万平方千米；新德里是印度的首都；印度是佛教的发源地，印度教是印度的国教；印地语和英语是印度的官方语言。

1. 礼仪礼俗

印度人见面时双手合十，轻轻鞠躬，作为见面礼；此外比较有特色的见面礼仪有贴面礼、摸脚礼、举手礼三种。印度的摇头或歪头表示"是"，点头表示"不是"；在印度，迎送贵宾时，主人会献上花环，套在客人的脖颈上。花环越大说明客人的身份越尊贵。

印度教徒视牛为"圣兽"，敬之如神，参观印度的寺庙，身上不能穿用牛皮制成的东西，否则会被视为犯了禁戒，只允许喝牛奶，不能宰杀和吃牛肉；在印度进寺庙或厨房之前一定要先脱鞋。印度人重视时间观念，约会时应该按时赴约；邀请印度人参加社交活动时，也应同时邀请他们的妻子，请客的费用由有钱人来支付。印度人穿着讲究朴素、清洁，在一般场合，男子穿着名叫"吉尔达"的宽松圆领长衫和名叫"陀地"的围裤；纱丽是印度妇女最具民族特色的服装。

2. 饮食习惯

大米和面食是印度人的主食；印度饮食的主要特点是爱用辛辣类香料，吃素食的人较多；用餐时习惯用右手抓饭；大多数印度人不吸烟、不饮酒。

3. 禁忌

在印度认为数字"1""2""7"都不吉利；印度人忌白色，认为白色象征内心的悲哀；忌食牛肉，忌用牛皮制成的东西；不喜欢龟、鹤、弯月图案；因浴盆中的水不流动被认为是"死水"，故印度忌用浴盆给孩子洗澡；印度人不喜欢别人拿他们的照片，除非他们自愿；印度在任何情况下均不允许触摸孩子的头。

二、欧洲主要客源国

（一）英国

英国，由英格兰、威尔士、苏格兰和北爱尔兰四部分组成，国土面积 24.41 万平方千米；伦敦是英国的首都；英国人主要信奉基督教、天主教；英语为英国国语。

1. 礼仪礼俗

英国见面礼为握手礼。同男人握手，越紧，表示友情越深，和女人握手则须轻些，和初次见面的女人通常不握手，行鞠躬礼，切忌一只脚在门里一只脚在门外与人握手，尤忌四人交叉握手；此外还有点头礼、举手注目礼、吻手礼、亲吻礼等。英国人讲话十分客气，"谢谢""请"字不离口，对待服务员、司机等也以礼相待，需要他人帮忙办事时要注意语气，不要使人感到有命令的口吻。英国讲究"女士优先"，乘车、电梯等让妇女先进等；参加各种社交活动英国男士通常要偕同妻子参加。

英国人的时间观念很强，拜会或洽谈生意，访前必须预先约定，提前几分钟到达；在英国主人提供的饮品，客人饮量以不超过 3 杯为宜，空杯迅速地转动一下，然后交给主人，是表示喝够了，多谢的意思。英国人在用餐服饰上非常讲究，男士须穿西装，女士要穿优雅的礼服，在某些很正式的西餐厅甚至不接待穿着不正式的客人用餐。

2. 饮食习惯

英国以土豆为主食；英国饮食烹饪方式有烩、烧烤等；用餐时使用刀叉；进餐时一般先喝啤酒，喜欢喝威士忌等烈性酒。

3. 禁忌

英国人忌讳 "3""13"、星期五和双数；不喜欢墨绿色和红色，忌黑色；不愿吃带黏汁或过辣菜肴，不喜欢用味精调味，也不吃狗肉，切忌刀叉碰响水杯；忌讳打听私事，要回避北爱尔兰问题、君主制、王室等政治色彩较浓的话题；忌用大象、孔雀、猫头鹰、菊花、百合花等图案；忌日程突然改变，不能如期赴约。

（二）法国

法国，位于欧洲西部，地势东南高西北低，总面积 55 万平方千米；巴黎是法国的首都；法国人大多信奉天主教；官方语言为法语。

1. 礼仪礼俗

在人际交往过程中，法国人所采用的礼节主要有握手礼、拥抱礼和吻面礼，一般与人问好或道别，用握手礼，较熟的朋友间互相拥抱吻颊；法国是世界上最早公开行亲吻礼的国家，也是使用亲吻礼频率最多的国家。法国人在谈话时，用"您"表示尊敬、重视、距离，"你"表示爱和友谊，在与一个比自己年长的人或自己的上司说话时，人们一般用"您"称呼对方。讲究骑士风度，尊重妇女，处处体现着女士优先的原则。

与法国人约会必须事先约定，并且准时赴约，但不要提前，要对他们可能的姗姗来迟事先有所准备，一般纪律较差，不大喜欢集体行动。法国人在正式场合通常穿西装、套裙或连衣裙，颜色多为蓝色、灰色或黑色，质地则多为纯毛；出席庆典仪式时，一般要穿礼服；并且法国人讲究服饰美，特别是妇女穿得非常时尚、特别喜欢使用化妆品，口红都有早、中、晚之分。

2. 饮食习惯

法国的主食主要是面包、肉类；法国菜的主要特点是香味浓厚、鲜嫩味美；用餐时使用刀、叉、勺等；法国人特别善饮，爱喝生水和咖啡。

3. 禁忌

法国忌数字"13"和星期五；忌讳黄色和墨绿色；不爱吃无鳞鱼和过辣的菜肴；忌用蝙蝠、孔雀、仙鹤、菊花、桃花、杜鹃花的图案，菊花为丧花；交谈时忌讳打听私事，包括工资收入、家中存款、妇女年龄等，忌用核桃待客。

（三）德国

德国，东邻波兰、捷克，濒临北海和波罗的海，国土面积35.8万平方千米；柏林是德国的首都；德国主要宗教为基督新教、天主教；官方语言为德语。

1. 礼仪礼俗

在社交场合与客人见面时，一般行握手礼，握手时需注意握手的目光、时间、晃动次数和力量等；与熟人朋友和亲人相见时，一般行拥抱礼。德国称"您"表示尊重，称"你"则表示地位平等、关系密切；对于熟人、朋友、同龄者，方可以"您"相称。德国人重视称呼，一般情况下，切勿直呼德国人的名字，对德国人称呼不当，通常会令他们感到不愉快。

德国人时间观念强，迟到或过早到都会被视为不礼貌；德国人多喜欢清静的生活，不大喜欢喧闹。德国人在用餐时，刀叉不混用，吃鱼的刀叉不得用来吃肉或奶酪；如同时饮用啤酒与葡萄酒，宜先饮啤酒，后饮葡萄酒、食盘中不宜堆积过多的食物、不得将餐巾当成扇子扇风、忌吃核桃。德国人穿着打扮上总体风格是庄重、朴素、整洁；男士大多爱穿西装、夹克，并喜欢戴呢帽。妇女们则大多爱穿翻领长衫和色彩、图案淡雅的长裙；在商务交往中，他们讲究男士穿三件套西装，女士穿裙式服装。

2. 饮食习惯

德国的主食主要是面包；德国菜以酸、咸口味为主；德国人用餐时使用刀叉；在德国，早餐最为丰盛。

3. 禁忌

德国忌数字"13"和星期五；忌墨绿色，不喜欢红色、红黑相间和褐色，因墨绿色为纳粹军服色；忌吃核桃；忌讳在公共场合窃窃私语、打听私事和不爱听恭维话；禁用纳粹或其军团的符号图案和蝙蝠、菊花、蔷薇图案；穿鞋子不能穿黑鞋，系白鞋带，因为这是纳粹的标志。

（四）意大利

意大利，位于欧洲南部，总面积30.13万平方千米；罗马是意大利的首都；意大利主要宗教为天主教；官方语言为意大利语。

1. 礼仪礼俗

意大利人见面礼大多为握手礼；拥抱是比较亲近朋友之间的礼节；常见朋友间，多为招手示意。意大利姓名的组成是名在前，姓在后；对初次见面和不太熟悉的人，对长者、有地位的人一般用尊称"您"，如称呼他们的姓要在姓前面加上"先生""女士"等用语，或加上"教授""博士"等头衔，也可以直接称呼头衔；妇女婚后一般用夫姓，也可以用原姓。

意大利人约会时，特别是出席宴会、招待会等活动时，都会晚到几分钟；客人带的酒、食物和甜点可以马上食用，礼物一般都习惯当场打开，送花时要注意送单数。意大利人在正式社交场合一般穿着西服，喜欢穿三件式西装，意大利有的饭店规定就餐必须穿西服系领带，即使在夏天也不准穿衬衫入席；在工作之余爱穿各种运动服装和休闲装；婚礼上，新娘喜欢穿黄色的婚服。

2. 饮食习惯

意大利的主食是面食；意餐主要以原汁原味、浓、香、烂为特点；意大利人用餐时使用刀叉；意大利人吃饭时爱喝饮料和酒。

3. 禁忌

意大利忌"13""17"和星期五；在意大利较为忌讳紫色；喝饮料、酒水、菜汤和吃面条时尽量不要发出声音；仕女图案、十字花图案、菊花等在意大利也较为忌讳；在和不认识的人打交道时，不要用食指侧面敲击额头，这是骂人"笨蛋""傻瓜"的意思。

（五）俄罗斯

俄罗斯，国土横跨欧亚大陆，总面积 1 709.82 万平方千米；莫斯科是俄罗斯的首都；俄罗斯宗教主要为东正教；官方语言为俄语。

1. 礼仪礼俗

俄罗斯与初次会面的人习惯行握手礼，有"左主凶，右主吉"的传统说法，握手或递物品时切忌伸左手给对方，忌形成十字交叉形；在对熟悉或久别重逢的人时，他们则大多行拥抱礼，有时还会与对方互吻双颊。俄罗斯人对家人、熟人、朋友、平辈和儿童称呼"你"，表示亲热、友好和随便；而对长者和陌生人称呼"您"，表示尊敬和客气。俄罗斯人看重人的社会地位，对有职务、学衔、军衔的人，最好以其职务、学衔、军衔相称；在正式场合，他们也采用"先生""小姐""夫人"之类的称呼。

去俄罗斯人家做客一定事先约定，到达时间按约定的时间准时或稍晚一点到达，不要早到；进屋后应立即脱下外套、手套和帽子，并摘下墨镜，先向女主人问好，再向男主人和其他人问好；"面包和盐"是接待来宾的极高的礼遇，来宾必须对其欣然笑纳；将手放在喉部，一般表示已经吃饱。俄罗斯人穿着讲究色彩的和谐、整体的搭配；正式场合女士都穿裙子，穿长裤会被认为对对方不尊重，已婚妇女必须戴头巾，未婚姑娘不戴头巾；男性通常穿西装。

2. 饮食习惯

俄罗斯的主食是面包；俄罗斯人口味一般比较咸，油腻；吃饭时习惯用刀叉；俄罗斯人酒量一般很大，爱喝烈酒、红茶，不爱喝绿茶。

3. 禁忌

俄罗斯忌讳"13""星期五"和双数；俄罗斯忌讳黑色，不喜欢红色；俄罗斯不爱吃猪肉、海参、木耳等；不喜欢打听个人私事，交流时应回避国内政治、宗教等话题；忌讳兔子、黑猫，忌送菊花、杜鹃花、石竹花和黄色的花；要注意镜子，不能打碎镜子，俄罗斯人认为打碎镜子意味着个人的生活将会出现不幸。

三、美洲主要客源国

（一）美国

美国，位于北美洲中部，总面积 937 万平方千米；华盛顿是美国的首都；美国主要宗教为基督教、天主教、伊斯兰教；官方语言为英语。

1. 礼仪礼俗

美国人与他人见面时，笑着说"Hi"或"Hello"，直呼对方的名字，以示亲热；有时握手，有时也不握手。在公共场合，美国人特别尊重女性，处处女士优先；把中指和食指相交，表示祝你好运，伸出大拇指或食指与拇指捏在一起，形成一个圆圈表示"好""可以"等。大多数美国人不喜欢用先生、夫人或小姐这类称呼；很少用正式的头衔来称呼别人，正式的头衔一般只用于法官、高级官员、医生、教授和高级宗教人士等。

美国人时间观念强，严格的单时制，正式的约会必须准时到达，最多不能超过预定时间五分钟。美国人穿衣比较随意，大多数时候喜欢穿 T 恤衫、夹克衫、牛仔裤、运动衫、旅游鞋；着装方面讲究整洁，女子裙装不能露出衬裙，且裙子要盖过丝袜口，女式短裤不能配高跟鞋，男式裤子不能露出衬裤。

2. 饮食习惯

美国无固定的主食；美国菜的主要特点是生、冷、淡；美国主要用餐工具为刀叉；美国人一般不喝烈性酒。

3. 禁忌

美国忌讳"13""星期五"和双数；美国忌黑色，认为其为丧葬用的色彩；不喜欢吃蒜、油腻和过辣的食物，不喜欢蛇一类异常食物和忌食动物内脏；在日常交流中忌讳过分谦虚，称呼长者忌加"老"，对他人忌说"胖"等；美国忌讳蝙蝠、黑猫图案；给美国人送礼时不宜送香烟、香水、内衣、药品、香水或广告用品等。

（二）加拿大

加拿大，东临大西洋，总面积 998 万平方千米；渥太华是加拿大的首都；加拿大主要宗教为天主教、基督新教；官方语言为法语、英语。

1. 礼仪礼俗

加拿大人见面通常采用握手礼，双方握手后一般会说"见到你很高兴""幸会"等；

熟人、亲友、情人之间可能采用亲吻或拥抱礼。加拿大人名在前、姓在后；在称呼别人时，喜欢略去其姓，直呼其名，只有在非常正式的情况下才会对对方连姓带名一同称呼，并且冠以"先生""小姐"之类的尊称；对于他人的头衔、学位、职务只有在官方活动中才会使用。

在加拿大，人们收到礼物时，都当着送礼人的面打开包装，并对礼品给予赞扬和致谢。加拿大人与他人一起外出吃饭，一般是自己付自己的费用。加拿大人在正式场合男子一般穿西装，女子一般穿裙服；非正式场合穿着比较随意，着装以欧式为主，常穿夹克衫、圆领衫、便装裤等，在传统节日时，大都有穿传统民族服装的习惯。

2. 饮食习惯

加拿大的主食为面包、饼干等；加拿大的菜品特点是口味偏重甜酸；用餐时主要用刀、叉；喜欢喝各种酒类、果汁、碳酸饮料。

3. 禁忌

加拿大忌"13""星期五"和双数；忌黑色；忌食肥肉、动物内脏、虾酱等，或带有腥味、怪味的食物；忌谈死亡之类的话题；老派的加拿大人认为，打碎了玻璃，请人吃饭时将盐撒了，从梯子底下经过，都是不吉利的事情；不能吹口哨，送花时不要送百合花，因为那只在葬礼上使用。

（三）巴西

巴西，与乌拉圭等国接壤，国土总面积851.49万平方千米；巴西利亚是巴西的首都；巴西主要信奉天主教；官方语言为葡萄牙语。

1. 礼仪礼俗

巴西人在社交场合见面时常用微笑和握手礼；巴西人在与亲朋好友、熟人或情人之间相见时，大多都习惯施拥抱礼或亲吻礼。在巴西印第安人区，客人来访第一件事就是请他们洗澡，客人洗的时间越长，就越表示对主人的尊敬；很重视亲笔签名来表示尊重和礼貌。

巴西人习惯当着送礼者的面打开礼品包，然后致以谢意；如果他们到什么地方买了礼品，要先把原来包装的纸剪掉一点。在巴西准时到达反而是一种没有礼貌的行为，通常比约定的时间迟到10分钟或15分钟。巴西对穿着十分讲究，在一般场合中男人至少要穿短衬衫、长西裤，女士则最好穿高领带袖的长裙；在正式的场合中，巴西人会穿得很考究，会根据场合的不同选择不同的服饰，特别是重要的政务、商务活动中，都是穿西装或者套装。

2. 饮食习惯

巴西的主食是大米；巴西菜的特点是口味比较重，以烧烤为特色；用餐时主要用刀、叉、勺；大多数巴西人都爱吃红辣椒。

3. 禁忌

巴西忌讳数字"13"，认为13是会带来厄运或者灾难的数字；忌讳棕黄色，以棕色为凶色；巴西忌讳吃奇形怪状的水产品，或用两栖动物肉制作的菜品，不喜欢牛油做的点心；在交流中，要避免谈论政治、宗教以及相关有争议的话题，也不要谈论阿根廷；忌讳"OK"的手势；送礼时不能选择送手帕或刀子。

四、大洋洲主要客源国

（一）澳大利亚

澳大利亚，东濒太平洋的珊瑚海和塔斯曼海，总面积769.2万平方千米；堪培拉为澳大利亚的首都；澳大利亚主要宗教为基督新教和天主教；官方语言为英语。

1. 礼仪礼俗

澳大利亚人见面礼为握手礼，并以名相称；亲朋好友之间通常贴面以示感情。在澳大利亚讲究"女士优先"，女性受到人们的普遍尊重；澳大利亚人喜欢赞美女士的长相、才气、文雅举止等各方面。澳大利亚人一般名在前姓在后，称呼别人时要先说姓氏，再接上"小姐""先生"或"太太"等，熟人之间互称小名。

澳大利亚人在公共场合不大声喧哗；时间观念很强，约会必须事先约定并按时赴约。澳大利亚人乘坐出租车时，习惯与司机并排而坐，他们认为这样是对司机的尊重。澳大利亚人日常穿着比较随意，一般都是T恤、短裤、牛仔装等，在极为正式的场合，则须穿西装、套裙；在出门时，他们通常喜欢戴上棒球帽来遮挡阳光。

2. 饮食习惯

澳大利亚主食为面食；澳大利亚菜的特点是口味清淡；用餐时主要用刀、叉；澳大利亚人喜欢喝葡萄酒、啤酒、茶和咖啡。

3. 禁忌

澳大利亚忌"13""星期五"和双数；忌黑色；在交流时不要说"自谦"的客套话，

不宜对国内事务发表议论；不吃狗肉、猫肉、蛇肉以及动物的内脏与头、爪等；忌讳菊花、杜鹃花、石竹花和黄颜色的花，不喜欢兔子；不可竖起大拇指表示赞扬，竖起大拇指在当地被认为是下流动作。

（二）新西兰

新西兰，位于太平洋西南部，总面积约 27 万平方千米；惠灵顿是新西兰的首都；新西兰主要宗教为基督新教、天主教；通用语言为英语。

1. 礼仪礼俗

新西兰人与朋友见面时多行握手礼、鞠躬礼和面含微笑的注目礼。新西兰人在问候时，身份相同的人互称姓氏，并加上"先生""小姐""夫人"等称呼；如果是熟人，互相直呼其名。

新西兰人有着很强的时间观念，约会必须提前商定，客人一般比约定的时间提前几分钟到，以表示对主人的尊重。谈话时不可声音过大，更不可装腔作势，也不能当众嚼口香糖和用牙签，这样会被认为是缺乏教养。新西兰人在一般场合趋于穿着便利的服装，在参加盛大的集会时都穿深色西服或礼服，新西兰妇女参加社交活动时，一定要化妆，化妆在他们看来是一种基本的礼貌，妇女打高尔夫时一般穿裙子。

2. 饮食习惯

新西兰主食是面包等；新西兰菜的主要特点是口味比较清淡；用餐时主要用刀、叉；新西兰人爱喝烈性酒和喝茶。

3. 禁忌

新西兰忌"13"和"星期五"；忌当众吃东西、喝水等，不喜欢吃带黏汁或过辣的菜肴；忌讳吃饭时频频与他人交谈，反对干涉他们的个人自由，避免询问私人事务，避免谈及个人、宗教、种族等话题；会让老年人和病重垂危的人住院，因为他们认为只有罪人或奴隶才死于家。

五、非洲主要客源国

（一）埃及

埃及，跨亚、非两大洲，总面积 100.01 万平方千米；开罗是埃及的首都；埃及主要宗教为伊斯兰教和基督教；官方语言为阿拉伯语。

1. 礼仪礼俗

埃及人在日常交往中常用的见面礼仪主要是握手礼，其他场合可能还会使用拥抱礼或亲吻礼，亲友之间一般采用吻面礼，向尊长表示敬意、致谢时一般采用吻手礼，情侣之间多见于飞吻礼。埃及人在人际交往中所使用的称呼也有自己的特色，为了表示亲密或尊敬，在埃及，老年人将年轻人叫作"儿子""女儿"，学生管老师叫"爸爸""妈妈"，穆斯林之间互称"兄弟"，这一类做法，往往并不表示二者具有血缘关系，而只是表示尊敬或亲切。

埃及乡村中的农民，平时主要穿着阿拉伯民族的传统服装——阿拉伯大袍，头上缠长巾或是罩上面纱；埃及人穿着主要是长衣、长裤和长裙，衣服基本上都用透气性好的亚麻布制成。

2. 饮食习惯

埃及的主食是面包；埃及菜品的特点比较简单；用餐工具主要是筷子；埃及人爱喝红茶和咖啡。

3. 禁忌

在埃及少数信奉基督教和犹太教的教徒忌讳"13"；埃及忌讳蓝色与黄色，不爱紫色；埃及人忌食猪肉、狗肉、驴肉、螺肉及动物的内脏等；忌用左手触碰食具和食品，吃饭时不与人谈话；每天下午3—5点，埃及人不卖针；埃及把荷花和鳄鱼作为其图腾图形，被视为神圣不可侵犯的东西。

（二）南非

南非，位于非洲大陆的最南端，陆地面积为121.91万平方千米；南非行政首都为比勒陀利亚，立法首都为开普敦，司法首都为布隆方丹；南非主要宗教为基督新教、天主教；官方语言主要是阿非利卡语和英语。

1. 礼仪礼俗

在南非社交场合中，普遍的见面礼节是握手礼。南非人习惯把鸵鸟毛或孔雀毛赠送给贵宾，客人应将这些珍贵的羽毛插在自己的帽子上或头发上。南非对交往的对象称呼主要为"先生""小姐"或"夫人"；南非黑人在进行称呼时在姓氏之后加上相应的辈分，来表示双方关系异常亲密，例如"海伦大婶"等。

南非人在日常生活中大多喜欢穿休闲装、白衬衫、牛仔装、西短裤等；南非的黑人尤其爱穿花衬衫，喜欢色彩鲜艳的东西；并且南非人特别是南非的黑人，通常还有穿着本民族服装的习惯。

2. 饮食习惯

南非的主食是玉米面，菜品的特点是爱吃熟食，南非人吃饭时喜欢用手抓着吃，著名饮料是如宝茶。

3. 禁忌

信仰基督教的南非人忌讳"13"和"星期五"；忌讳将饭菜撒在地上；忌牛肉和牛奶同时烹饪；特忌讳外人对其祖先的言行举止表现出失敬，有些部族，禁止儿媳直呼公公名字；与南非人交谈时有四个话题不能涉及，不要为白人评功摆好、不要评论不同黑人部族或派别之间关系及矛盾、不要非议黑人的古老习俗、不要为对方生了男孩表示祝贺。

一、项目训练

小组为单位，相互抽问、回答各个国家的主要礼仪礼俗和禁忌的要点。

情况：请在相应的完成情况后打上"√"。

顺利完成☐　　　基本完成☐　　　部分完成☐　　　不能完成☐

任务小结：

二、思考题

1. 哪些国家忌讳左手拿取食物或递物品？

2. 哪个国家最早公开行亲吻礼？

3. 欧洲主要客源国都忌讳哪个数字？

参考文献

[1] 盛美兰，谢媛媛．民航服务礼仪 [M].3 版．北京：中国民航出版社，2020.

[2] 褚倍．商务礼仪 [M].北京：清华大学出版社，2020.

[3] 曹华．社交礼仪 [M].北京：清华大学出版社，2019.

[4] 昊蕴慧．现代礼仪实训 [M]．镇江：江苏大学出版社，2013.

[5] 周思敏．服务礼仪 [M].北京：北京高教电子音像出版社，2009.

[6] 李媛媛．商务礼仪实训 [M].成都：西南财经大学出版社，2016.

[7] 金丽娟．旅游礼仪 [M].2 版．桂林：广西师范大学出版社，2017.

[8] 王艳霞，王红月．民航服务礼仪 [M].北京：中国民航出版社，2018.

[9] 胡柳．现代礼仪 [M].上海：上海交通大学出版社，2006.

[10] 范蒙蒙，禹巧华．形象设计与化妆 [M].2 版．郑州：郑州大学出版社，2021.

[11] 孟广桥．让投诉顾客满意离开：客户投诉应对与管理 [M].北京：中国青年出版社，2019.

[12] 王淑霞．沟通能力训练 [M].成都：四川大学出版社，2017.

[13] 李爱琴．民航服务礼仪 [M].北京：中国民航出版社，2015.

[14] 佚名 .CGZ–KC–00 多彩贵州航空客舱乘务员服务指南 [S].多彩贵州航空公司，2021.

[15] 佚名 .HX–GFW–103 华夏航空股份有限公司服务质量管理手册 [S].华夏航空股份有限公司，2022.